覺醒的力量之

「SatDharma 眞理之路：英雄轉化13個旅程」

聖塔達瑪SATDHARMA 著

【序】從來沒有改變過的道路

Sarvajnata（聖光 子珩）

隨著寶瓶時代的來臨，渴望性靈成長的人越來越多，年齡也越來越年輕。除了傳統宗教信仰、新時代思想，許多學派也加入了這個行列，因爲即便科技繼續發達，環境的反撲、毀壞，讓越來越多人想重新探尋生命的眞諦。而在百花齊放的熱鬧裡，很感謝有一條指引靈魂回家的「SatDharma 眞理之路：英雄轉化13個旅程」，這條實證的道路，引領渴望回歸自性的靈魂們，踏上超越自我的英雄旅程，也是我個人在實證的道路上，一條非常清晰的路徑。

《覺醒的力量》是一部性靈鍛鍊的 Bible，每個字，都有意義；每句話的意境都非常浩瀚，是一部史詩般的鉅作！全書將近30萬字，

「SatDharma 眞理之路：英雄轉化十三個旅程」是《覺醒的力量》其中的第五章：「還在等待各個領域的『救世主』來拯救你？勇敢走上屬於自己的『英雄里程』吧！」

闡述的，是英雄回歸的十三個旅程。書中以清晰的架構，鋪出從 self（自我）回到 Self（自性）的路徑。足夠我們花一輩子的時間來觀照、超越和轉化。特將此章獨立成冊，回應那些踽踽獨行、遍尋不到靈性修煉的生命渴望。

以前，我常聽 聖塔達瑪老師說他對「內在世界所見到的實相，眞實得就像我們摸到的桌子一樣的眞實。」第一次，聽他這樣說的時候，覺得這樣的意象很玄，是我無法理解的。

而跟著聖塔達瑪老師學習了二十多年，從懵懂無知到似懂非懂，從似懂非懂到內在知曉，一路上，數不清的跌跌撞撞、茫然、無知、懷疑、撞擊……，經驗一次又一次的痛苦歷程，他總是默默的推著我繼續走在這條道路上，朝向我當年還不清楚的遠方。

而每當我穿透這些陰影坑洞的迷霧，一次次看見自性曙光時，越來越印證 聖塔達瑪老師所說的「內在眞實的實相」。於 2015 年第一次拜讀《覺醒的力量》後，一次次看見自己是如何透由這條路徑的實際淬煉，尤其每次「歷劫」後的自主反省，重新回過頭來看《覺醒的力量》，來來回回的比對，清楚了解自己過去及現在，正在經歷的階段，而升起耐心陪伴自己穿透、前進……，都會有不同的、更深的體悟。爾後次次印證，更覺得不可思議，怎麼有辦法將內在探尋的道路，描述得如此清晰、立體？多次看完讓我無比亢奮，咀嚼後的狂喜，亦曾在閱讀時滑進與蒼穹浩瀚的存在共存、在。這條意識提升是每個靈魂的渴望，因此，英雄旅程看起來似乎沒有盡頭，但對我來說，這是一條從來沒有改變過的道路。

如果你願意，歡迎你走進來，一步一步的鍛鍊你自己，你會透過這個路徑，慢慢的看見一些軌跡，踏上從心走回、從知道到「吃」到的實證道路。

當年佛陀講經說法時，從小乘、大乘、金剛乘時，不是在講一個理論，而是指出「靈魂回自性家的道路」。此刻《覺醒的力量》之「SatDharma 眞理之路：英雄轉化13個旅程」亦是如此，這不是一個資訊、知識、理論，是一位性靈聖者 明師，因應這個大時代，而演示出一條回家的道路，其中還包含了過程中，會遇到的情境、視野，甚至可能發生的繆思與陷阱……。此書是如此珍貴，而對渴望回歸自性的靈魂而言，知道這樣一條眞理之路，又是何等幸運！

所以翻開本書的你，如果以理解知識的角度來讀，可能將錯過與內在未知自己相遇的機會。邀請你走入內在，用心去品嚐這本書、以及對應到自己的生命～靈性視野裡，沒有高低之分，即便看懂自己是如何在「困頓期」裡來回遊走，或在『驟變期』經歷無常洗禮而痛苦萬分，甚至可能在「合一期」愛力爆棚而誤以爲自己已經與自性合一，「超越期」八地菩薩，心量與視野已然不同，取得「永生靈藥」，也有「拒絕回歸」的挑戰，而當菩薩選擇回歸世界，菩薩的無聲架構更是珍貴的寶藏……。如果祂引動你內在觸動，讓你有了繼續前進與提升的渴望，恭喜你，以此心境與角度，或許將激起你靈魂深處的震慄與撼動。

因爲我更確定這條路徑是可以被實踐出來的。這對渴望明心見性的人，無疑的，是一個非常可貴的寶藏；寶藏不在山林裡、不在文字裡，而在每一個被我們抗拒、想要砍殺、想要轉身、切斷的黑暗裡。

寫這篇序言時，剛結束21天的僻靜旅程，僻靜的整個歷程，夥伴們就是以此路徑探觸生命，而過程中的發生，像是造物主的智慧，一段段演示出祂的智慧與浩瀚。

就如書中用　愛默生的話：

「我們對於眞理所能表示的最大的崇拜，就是要腳踏實地去履行它！」

最後，用一段 聖塔達瑪老師對自己與我們的實踐與修煉的勉勵：

從失敗中領悟
從無常中體悟
從錯誤中養悟
從人生中頓悟
於每個當下處處覺悟

目錄

【導言】一生中，有多少能讓你意識提昇的機會？

這本書在許多人的心願意識下催生出來。

原本預計此書是將多年來的演講與授課內容加以編輯整理，並訂於二〇一四年十二月底前完稿；當時已完成將近八成，不消多久時間，就能校稿與出版。

沒想到，寫至第五章「英雄的旅程」時，揭露了英雄走在「回家道路」上，每一階段的心路實證歷程；從此，這本書被一股無名的力量牽引著，讓我無法使用原本編輯好的文章，而且幾乎從頭到尾，又「重新」寫了一遍。

爲了以科學、榮格心理學、超個人心理學、神祕學與神話學的角度來詮釋自己及「英雄」的心路歷程，書桌上堆著多年來在實證過程中，啓發自己、陪伴自己將近一百五十本書。你能想像埋首書堆的過癮創作歷程嗎？而且，每寫到一處，信手拈來的書，不是已讀過的標記，就是雖已遺忘但註記著「十分重要」、欲與讀者分享的部分，這些文字總是異常巧妙「重現」眼前。更有趣的是，在記憶有限的情況下，這些早已遺忘的「重要訊息」，此時，眞有著超意識的「共時性」存在，並「指導」著全局，根本毋需以有限的記憶來書寫。奇蹟似的，有時突然拿起書堆中的一本，或正要闡述某段話時，所訂的書籍也正「精準無誤」的來到手中。一翻開，讓人無法懷疑，那正是我欲論述的最佳詮釋或證明！

這本書，眞的是它「自己」完成的，只是透過我的手，將其展現在這個世界，並與所有人「見面」。在自己走入性靈鍛鍊已達二十四個年頭中，發現許多人對於心靈成長、心靈鍛鍊、靈性修練與性靈鍛鍊等四個階段，有諸多誤解與謬誤；當然，此中也有許多是走在這條路上的英雄們，在探索過程中所引發的錯謬思想、行爲帶給人的「刻板印象」。我們不能譴責他們，因爲他們也是正在探索自心的英雄。沒有誰能夠譴責誰，在這條「回家的道路」上，只因我們彼此都是「一」。當他們願意比所有人都先走出那一步，「瞎子摸象」般探索著眞理的路徑，摸著大象的鼻子、耳朵或腳，以爲這就是「眞理」時，你能逕自認爲他們是「錯」的嗎？也許正因他們有勇氣的存在，才讓我們於現今更加看清眞理的全貌呢！無論，你現在正處於哪個意識的進化階段，有著什麼樣的過去，或是否相信有一股比自己「更大」的心靈力量存在，那都無關緊要；重要的是，此刻，你是否願意給自己機會，重新認識你以爲的自己與世界之外，是否眞的還有一個完全陌生與未知的世界、領域，正等待你去探索與挖掘？

著名神話大師坎伯曾說：「找出你生命中眞正的激情，追隨它，在沒有道路的地方覓路前行。」

當你眞確感覺到內心那股「心流」，或覺得「對了！就是這個！」你就知道自己正馳騁在奧祕的廣袤星空上。

著名耳熟能詳的聖經古語：「眞理讓人自由。」

「眞理」，這句在歷史上不知引起多少爭端、爭論、辯解，甚至戰爭的話語，眞的會因為你提高了眼界、視野，甚至親自走入祂、體驗祂，而使自己有了全新的眼見與智見。

事實上，無論哪一個宗教創始人，或其所倡導的「神明」，都是同一個「智身」、本源所衍生的「隱喻」、「面具」。它們所指向的正是奧祕的「終極根基」，是法界之源，是超越一切的本源，也是每個人自心中的奧祕本源。

透過走入它，便會洞識它眞有著根本的統一性，會通科學與宗教、身體與心靈、西方與東方，使人類突破各種意識藩籬而在相互理解的意義上——合一。

將你的思想轉化爲探險，在進行英雄旅程中，把知識轉化成智慧，你將會和我一樣在探索奧祕的過程中，經歷到納布可夫（Vladimir Nabokov）所說的「戰慄」（frisson）——人因爲深刻經驗自身生命的眞理所引起的「戰慄」。此種在靈魂深處所激發出深刻共鳴的「戰慄」[1]，將引發你難以想像的狂喜。

如同坎伯喜歡提醒他的聽眾：「（令人難忘的）不是追尋過程的痛苦，而是獲得啓悟時的狂喜。」[2]

總而言之，這是一本不易讀、甚至會讓你不舒服的書，因爲其中有許多內容可能會挑戰你的意識邊界，和你原本所相信的世界樣貌與教條完全不同；或不管你已在這條道路上走了多久，甚至已是數十年的修士、修行人、療育師等，它都有可能直指出你現前的心靈狀態、盲點。也許

1 《英雄的旅程》菲爾．柯西諾／著，梁永安／譯，立緒出版，p.14。
2 《英雄的旅程》菲爾．柯西諾／著，梁永安／譯，立緒出版，p.15。

你會在當下立刻「自我防衛」了起來，覺得這本書「簡直爛透了！」讓你當下直想將它丟入垃圾桶。

又或者，有別於其他心靈成長書籍，這本書將血淋淋帶著你直觀現今社會所處的現況、挑戰與考驗；只因對「奧祕根源」而言，無論「世出世間」或內在與外在是不可分割的「一」；寫出現今世界的危急，是想讓更多人有勇氣跨出自己的舒適區，並提昇自己的永續素養，做出讓整體生命永續的行動力量。但這或許讓不看電視的你，不知道現今世界的處境，可能還是城市中「隱士」的你，覺得討厭、厭惡或厭煩。

在我進行性靈鍛鍊與療育已久的經驗看來，這正是絕佳的「好轉反應」。這時只管放下此書，來杯咖啡或茶、放鬆一下、聽聽音樂、找個人聊一聊、甚至出門走走，當你再次靜下來時，你將會發現自己的心已「不太一樣」，繼而輕鬆轉而「面對」它們、療癒它們。或者，看到某一篇章，突然生起某些情緒，而使自己「莫名其妙」哭了起來，這時無須慌張或緊張，它更不是你的問題，就讓這些突如其來的「禮物」，通過自己，允許這些能量流動，都會讓自己往圓滿實現與健康，更往前進一步。

總之，如果這些「不舒服」眞的發生了，我想在此先恭喜你，因爲這是一個能讓你的意識變得更完整、更圓滿的揚升機會。正如坎伯所言：「生命不是個待解的難題，而是個待生活的奧祕。」

另外，因爲這本書有它極其特殊的「神性源場」能量，每一頁、每一章，所能讓你產生的每一畫面、每個內在音聲、每個內心感觸與領悟，對我而言，都是一個意識的「蟲洞」、「一扇門」、甚至是一個意識的「奇點」，具有巨大的療癒能量，讓你得以進入這浩瀚無所不在的「智慧本體」（Big Data），甚至發生前所未有的意識境界與狀態。

讓自己慢讀此書，並留意在研讀此書時，內外在的一切變化；內心所做的夢境、心情和心得，與外在的一些細微轉變等，都值得讓你細心停駐，仔細品味。

詩人史達福 W（illiam Stafford）曾說[3]：

如果你不知道我是哪一種人，

我不知道你是哪一種人，

這個世界就充斥著別人所造的形態。

跟著錯誤的神回家，

我們就找不到自己的星星。

祈願每位選擇本書的幸運讀者，都能跟著內在眞我——自性的神回家，透過四個意識進化的部分——迷途、曙光、探索、化育，將自己與這個世界的「最大障礙」即是我們一直相信問題無法解決與在錯誤、舊

---

3 《寶瓶同謀》瑪麗琳．弗格森（Marilyn Ferguson）／著，廖世德／譯，方智出版，p.559。

觀念的墳墓中，企圖找到解決之道的信念，深入轉化；並充滿勇氣從舊觀念中重生，接受更眞實有力的覺醒新智慧，從而展現自己性靈特質的明亮了悟星光，使世界充滿新的希望與展望。

準備好了嗎？

一場等待你已久的英雄旅程，就此開始。

【前言】一個愛力的「源場」，一扇通往法界之源的大門

遠在一百二十年前，西元一八九四年，由十一位實際又受過科學訓練的研究人員組成一隊「靈性研究團」到亞洲研究東方的宗教，走遍印度、西藏、中國及波斯。他們留在喜瑪拉雅山上三年半的期間，與一些聖哲、大師們相處在一起。

團員們以非常客觀的事實，陳述出「大師」們的「道」，並從他們的教導中提示出偉大的基本眞理。當時這群科學家與大師們在一起的經歷都被保存起來沒有發表，因爲他們認爲世界尚未準備好能接受這些訊息。後來，其中一位科學家將自己的一些手稿編纂成書公諸於世，書名是：《遠東大師的生活與教訓》（現又名：《雪山大師》[4]）。他將所見所聞眞實的擺在讀者面前，讓讀者自行評斷願意相信與否。

大師們相信佛陀即代表悟道之路，但他們也清楚說明「基督」就是道，就是開悟的一種「境」，是我們正在尋找的自性之光，而每一位降生於世的人都是「生命之光」！

書中甚至強調道：「你們知不知道基督就住在你們每個人裡面？知不知道你們的身體是純淨的、完美的、年輕的、永遠美麗的、神聖的？知不知道神按照祂的形象造了你們？並且給你們管轄萬物的權力？你們的自我永遠是基督，完美的神子，唯一的神子，是神所喜悅的！」

當中，領隊問一位偉大的母親：「什麼是神最偉大的屬性？」

「愛！」她毫不遲疑的回答，並說：「生命之樹在伊甸園的中央，

4 《雪山大師》，又名《遠東大師的生活與教訓》拜爾得．司樸定／著，展禽／譯，中國瑜伽出版（絕版）。

即是我們自己靈魂的最深處！使果實成長、成熟以致豐收的是『愛』。了解祂眞實特性的人定義祂是宇宙中最偉大的！我說祂還是世界最好的癒病良藥：愛成全人們心中的要求，愛的神聖原則用來驅除哀傷、疾病、困境及惱人的不便；正確的使用愛並使用祂細膩的、無限的動力；世界以之治癒它的創傷，愛甜美的斗篷遮蓋人類所有的不和諧、無知和錯誤。」

又說：「伸展雙翅，愛尋求枯乾者的心，掃除生命的垃圾，神奇似的一觸，贖回人性，並且改變世界；愛是神、是永恆、是無限、是不變、超越一切、以至於無。」……「愛成就祂自己的律，擔當祂自己的完美事工，顯現人靈魂內在的基督；愛尋找人類靈魂的入口，傾其所有善的澆灌給他，不因人的剛愎自用與雜思。神的永恆，不變的愛流永流不止。祂前導著進入那干擾著人類和平、遺忘、或醜陋的宇宙大海；愛是精神完美的果實，不停向前，包裹人性的傷口，增進國家間的和諧，帶來世界的和平與繁榮；祂是世界生命的脈搏，宇宙的心跳，人類要做耶穌的事工時，就要從最偉大的、無所不在的生命注滿愛的波流。」

「生命正重重壓負你嗎？你需要勇氣和力量面對問題嗎？你生病或害怕嗎？那麼就請寬心，向引導道路的祂（愛）祈禱，神永不磨滅的愛，會向你展開，你毋須害怕！祂不是說過：『在他們呼求之前我就已回答了，在他們說的時候我就在聽！』……用信心祈禱，你的幫助已經來到，絕不懷疑再求！」……

這些偉大的「大師」們，以愛展現許多令人無法以科學解釋的現象如：「無中生有」、水上行走、長生不老、超越時空、運用宇宙能……等，許多令人難以捉摸的力量，卻又眞實到讓人不得不相信！

這群團員抱著懷疑之心踏上這神聖的土地，而經過完全的確證，改觀而回。這些「驚奇」的體驗與誠信的驗證，更使得三位團員再回到喜瑪拉雅，去學習能像上師們一樣生活與工作。

爲什麼在此刻要提及這本這麼重要的書，因爲在本書中，也許也會有一些你無法以邏輯理解的事物，或者會嚴重的挑戰你原本的信念，這時請以敞開的心，跟著我們一步步「重新」認識原本就存在你我靈魂深處的偉大力量吧！

我確信你已經準備好要進入神性的性靈場域，否則這本書就不會在此時出現在你的手上。對於沒有任何性靈觀念或對能量場異常敏感者，可以先行看《雪山大師》，讓自己的心更加充分的理解。因爲本書實在不僅僅是書，而是一個「場」，一個愛力的「源場」。這個愛力的源場，更是一扇門，一扇通往法界之源的大門。當這扇門開啓，彷彿進入靈魂的時空門，瞬間與愛力的源場連結，在連結的瞬間，你或許會哭會笑會大叫，但這都是正常的，只因我們「困」在意識的「繭」中已久，早已遺忘眞正的自己，遺忘自己眞正的力量。

在甦醒的過程中，並不都是「喜悅」的，當深層的意識碎片開始湧向意識的表層，許多的情緒能量結便會自然的流動，並開始「看見」些自己無法理解的畫面、符號或光，毋須驚慌，這些都是在你已經準備好的情況下進入到你的生命中的。信任愛，並讓一切流動，讓愛力為你做工，生命會自然帶領你到應該認識的地方，並重新做更深的連結，這就是性靈療育的開始。當你進入到書中的任何一處，都有極豐沛的療育力量，為你開啓全新的視野，並支持你為愛而行動。

你不會也不可能無緣無故遇上這本書，這一切都是你的神性高我為你鋪的路、造的橋，為的是讓你跟上這股覺醒的偉大洪流，共同見證這來自你我神性偉大的奇蹟力量。

善用本書的知識，並為謀取廣大的人類福祉而行動，如此，你便能日日夜夜感受到更強大的愛力能流，流向任何你眞正所要的奇蹟或夢想。愛力能流更會透過你流向所有的親人，所有你認識的人與所有你不認識的人，流向所有的地球生命，流向所有的宇宙生命，直到你完全並自然見證到原來你與這所有一切中的一切～是「一」。

還在等待各個領域的「救世主」來拯救你？
勇敢走上屬於自己的「英雄旅程」吧！

不要於外在尋覓，回到你的內在自我，
因為真相就在於每個人的內在之中！

——聖奧古斯丁（S.AureliAugustini)Ad354～430

一、在等待「被救贖」嗎？拿回自己的力量吧！

真正的至聖所就在我們裡面。——耶穌

一切眾生本來是佛。——《圓覺經》

自古以來，明師們都闡述相同的真理——真正的「至聖所」就在自身裡面。

（一）錯誤的心靈謬見（修行與心靈的錯謬與執著、投射與自欺）

靈修，許多人由於前陣子某個「日與月」的靈修團體搞出了人命事件，因而對靈修貼上更多懷疑、負面的標籤。靈修是指一個人在靈性層次上的素養，亦即在靈性層次上的提升與生命進化（演化）的修練！許多人一提到「靈修」馬上想到「宗教」或傳統宗教修行的刻版印象！雖然許多宗教都有「靈修」這個名稱，但實際上，二十一世紀靈修的含意，有著比以往更寬廣、更兼容並蓄的特性。

靈修——靈性修練是一趟自我完整、回歸自性、開展本自具足的力量，體現生命的完滿圓熟；而眞正的修行是超越宗教派別，以無私的「愛」爲依歸，是一趟內在朝聖之旅。你的靈修是讓自己更快樂、關係更圓滿、內在更完整？或者修行只是你合理化的藉口與行爲？它造成你偏離現實生活，因你壓抑自己、不願看見眞相，不能眞誠面對自己，而更遭受其苦果！

很多人把修行想像得非常美好，「有些人會顯現爲某種理想化的、神祕學式的歇斯底里；凡事都是好的、奇妙的、美的，不過這一切美好的事物，卻和日常生活沒什麼關係，也完全排除了生活的黑暗面、痛苦面，而有的人會開始熱烈狂信，嚴格修練，說是爲了求得靈性的證悟。……這樣狂熱追求性靈的救贖，往往遮蓋了內在深層的問題。」[5]

有些人對修行充滿浪漫錯誤的想像，認爲只要每天從事某些宗教行爲，就可以解決許多問題；或者因爲和家人關係不好，所以消極讓自己耽溺在宗教氛圍裡或靈修團體，回到家，依然無法面對緊張的關係。

羅布．普瑞斯（Rob Preece）以「精神逃逸」來形容這樣的情形：「精神逃逸看似『出口』，其實不是。我們都很可能展開其實是在逃避或其實是假出脫的靈修道途，逃逸到靈修理想、靈修之事裡，渴望圓滿清淨，不受世俗汙染，但其實代表始終有著鬱結未解……看起來像是『斷念』，其實反映的是『逃逸』。」[6]看似性靈的覺醒道途，實際上卻成了逃

5 《榮格與密宗的29個「覺」：佛法和心理學在個體化歷程中的交叉點》羅布．普瑞斯／著，廖世德／譯，人本自然，P.43。

6 《榮格與密宗的29個「覺」：佛法和心理學在個體化歷程中的交叉點》羅布．普瑞斯／著，廖世德／譯，人本自然，P.120。

避問題的舒適區與自欺；因此看起來似乎全心全意追求性靈生活，卻只看見自己想看見的一面，對於日常生活該處理或該負的責任，如財務、工作、物質則想盡辦法逃避。

有些人則把自己的決定權交給外力，遇到問題到處求神問卜，不願相信自己有力量可以解決；這種修行觀念與態度依然懸宕該面對的功課，忽略該處理的問題！

當我們到耶路撒冷或其他聖地時，會發現「至聖所」大都設計在宗教建築（如：教堂）最裡面，且須由神職人員，如最高級的祭司或最高級的神父作爲管道，經由他們的許可與引領，才能帶你進去「至聖所」。

耶穌說：「眞正的至聖所就在我們裡面。」

佛陀說：「一切眾生悉有佛性。」

自古以來，明師們都闡述相同的眞理——眞正的「至聖所」就在自身裡面。如果你逃逸到靈修裡，是無法眞正的回到內在的至聖所。回到內在的至聖所，就是成爲眞正的自己——回歸於內在的「神聖中心」，因爲那裡才是所有力量與智慧的泉源。

有一種修行人，認爲既然穿上團體的「制服」或已經「持戒」，所以應該說好話、做好事，而不敢說出內心眞正的聲音，不敢和別人起衝突，外表看起來極爲寧靜祥和，內在卻壓抑許多情緒。而情緒卻是我們認識自己的途徑之一，忽略情緒就等於切斷和自己內在的連結；也有人對修行有錯謬的想法，認爲修行人要很有愛，不敢拒絕別人的要求，認爲這樣不夠慈悲，對自己／他者的界限無法劃分清楚，導致生活一團忙亂。

有的則對「忍辱」過度解讀，認爲一切都是天注定，人是無法改變命運的，消極的宿命觀讓自己變得冷漠，忽略自己眞實的感受。

六祖慧能說：「佛法在世間，不離世間覺；離世覓菩提，恰如求兔角。」現實生活才是最紮實的修行，但也有人抱持著對五濁惡世的排斥鄙視，認爲修行是「提升」心靈高度，自認高人一等，對他人或其他團體多所批判。

許多人認爲修行應該朝向光明面，改正缺失，所以對自己非常嚴苛，不允許自己犯錯，無法接納自己的不完美，要求自己也要求他人，一味的看到別人的缺失，用急躁的心態修行，想盡快的讓自己、讓他人變得更好，而無法安住於當下；不願面對內在的對立面與陰暗，就無法照見眞實衝突的根源，也因爲無法接納另一個自己，因此無力整合自己，和自己完全合一。

「寧靜」、「光明」、「和平」只是一張面具，靈修人格的面具底下隱藏著不想見光的「陰影」，各種即將爆發的情緒與心結，如憤怒、嫉妒、貪念、掌控，或者是更深的創傷。追求靈性的「完美」，卻讓自己離「完整」更加遙遠；逃避與否認，無法解決問題，也無法讓生命更圓熟。

有的修行者重的是表面、教條式規範，用許多教條綑綁自己的意識；

有的靈修團體利用「功德說」（鼓勵信眾捐款，錢愈多功德愈大）、「贖罪說」（說信徒的罪孽是如何如何的深重，因此必須盡力贖罪的意思！）或「恐嚇說」（恐嚇信徒如果沒有實踐行動及親證，下場就會如何如何！或恐嚇教徒背叛師門的下場會墮入十八層獄……種種）讓我們完全無法自在，無法自然寬坦的安住在廣大無垠且毫無變動的自性本質上！

在二十世紀末，新時代運動興起，讓許多人的意識開始覺醒，導致許多「怪」現象此起彼落！有的宗教爲了使其教徒不受到新時代的影響，紛紛發起捍衛自宗教義的舉動，甚至不讓其閱讀新時代的書籍或相關的訊息等；然而這也不能完全歸咎於這些宗教的不是，因爲許多的新時代「信徒」也打著「反對」宗教的旗幟，在外宣傳自己「獨特」的教義！也有許多人在新時代的覺醒過程中，因爲某些思想與行爲過於前衛，而讓許多不了解箇中內涵的人，聞之卻步！

時代的不同，科技的進步與人類意識的提升，在在說明「靈修」的方式，勢必走向非常不同且多元化的躍進，這才更能符合佛陀所說的「時代法」！每個時代在交替時，因環境、集體意識的不同，會產生一些融合時代的改變現象！此刻也不例外！在一九五〇、六〇年代，因整個星系的思想即將由「雙魚時代」進入「寶瓶時代」，地球的能量場發生劇烈改變，許多人因此經歷了精神上所謂的「高峰經驗」（即是短暫的開悟經驗）。然而，很多人卻在經歷了「高峰經驗」後，開始在心靈精神上，出現了前所未有的憂鬱與大低潮！當時很多宗教無法得知造成此種現象的原因，於是紛紛以「著了魔」來處理！讓許多正在經歷精神上大轉變的人，產生極大的苦痛，甚至被送入精神病院，當成嚴重的「精神病」來處理，只好在「醫療」的照看下，抑鬱寡歡而終其一生！有些較幸運的人出院了，卻再也不敢提起有關「高峰經驗」的事，免得再被當成「精神病」來處理！

一九七〇年代，開始出現一些「靈媒」，如：賽斯、珍．羅伯茲、艾德格．凱西……等，他們以卓越的靈通能力，幫助許多人解決在經驗精神上的大轉變時，所遭遇的「靈魂暗夜」的痛苦，也帶來了許多前所未有的「靈性訊息」，幫助人們更加了解自己及許多「未知領域」的智慧。再加上東方的傳統靈修，如：藏傳佛教、瑜伽……等的傳入，讓許多人打開了修行的道路！由於靈性的訊息愈來愈多，因此也開發了許多不同的靈修技巧！加上二十世紀末的靈性大師，如：克里希那．穆提、賽巴巴、巴巴吉、尤迦南達、喇嘛尊者、瑪哈賽、奥修、清海無上師……等，更豐富了這個世界的靈修視野！

事實上，若要講起這個世界的靈修歷史，可能要追溯到好幾萬年前呢！所以，根本毋須害怕靈修，反而應該敞開心，了解它具有何等魅力，讓許多人因而著迷；明白它具有何種殊勝，使許多人的生命因而改變！

眞正的「靈修」是爲了探索內心無止盡的寶藏；多元化而不死板的探索方法，直接體驗「靈启」，讓我們可更深入的經驗何謂「開悟」、何謂「基督」、何謂「現世解脫」，並全然體現在生活上，而非空談、逃避、自欺、投射卻毫無內在的體驗！能探觸性靈的大樂而非只是淪於表面的「自我感覺良好」！能體會無分別的大愛而非只是個嚴謹、拘謹的修行人！能與浩瀚的本覺境界合一，不再分別所有，執著「自宗教義」而不自知！

在《新覺醒時代》一書中，也提到過：「光流」，是「本覺智光、流化萬千」之意，不論你是在家眾、出家僧尼，只要你眞正有心，想獲得開悟解脫，想眞正的擁有自在解脫的心，我們都會將內在甚深的心髓與口訣，及生生世世諸佛與基督的加持力，與你一同分享！

蓮花生大士曾說過：「修行密續的人就如同夜晚天上的繁星那麼多，而獲得證悟與成就的人，就如同白天的星星那樣稀少！」在二十一世紀的今天，選擇一個眞正有實力且多元化，又眞正有證量的方法與團體是非常重要的。不管是否要開悟或體驗內在甚深的寶藏，也能獲得平安自在與喜樂的心！一切內在的智慧，都要靠自己的決心與毅力，依著心髓踏實的修習，才能眞正進入自己的內自證聖智境！「眞正的智慧從空性出，而空性的智慧從心性入。」這是自古以來，不變的傳承與修習！

靈修必須從自己的「心」著手，從生活、工作、家庭、關係、情緒中，踏實的照見自己、接納自己，完滿自己。透過這趟眞實的生命旅程，一一在生活中覺……醒……。

你要等待奇蹟，還是勇敢的創造奇蹟！

超越二元對立，超越自我意識，不再分別黑暗與光明；愛力是沒有分別的，你會勇敢的跳進「糞坑」。「糞坑」是指黑暗，是恐懼，是集體意識，是走入世界。這就是我們來地球的目的——認識自己！勇敢的走入黑暗、恐懼吧！當你走到每個聖地，都有它的光明與黑暗，我們要做的，就是要讓光明與黑暗變成中性的智慧之光。光明與黑暗已經對立這麼久的時間了，你仍要選擇「光明」而排斥「黑暗」嗎？**你闡揚了「善」**，

就同時闡揚了「惡」；你批判了「惡」，就允許、也更壯大了黑暗的存在。你要看清楚黑暗的價值？還是批判它、分別它、逃避它？「與其詛咒黑暗不如點亮蠟燭」，不如走過去擁抱黑暗，你將發現光明和黑暗變成了「一」，成爲你未曾、也無法想像的「一」。超越了光明與黑暗原本的對立面，這才是眞正美麗的過程。我們不是要來長養光明的，我們是要來讓原本對立的兩端變成一，這才是我們珍貴的精神，珍貴的法意。

（二）任何世代明師們的金言：「絕不能放下世俗的責任！」

生命是道場，你所有的一切都是道場。一般人的修行觀念是到道場去受八關齋戒、去閉關、打禪、念經、上教堂，以爲那才稱爲「道場」，才是「修行」。在「聖達瑪」不是這樣的，工作是道場，家庭是道場，**生命無一不是道場**。無論在任何情況，你都必須面對自己，你已無處可逃了。以前你還能在「舒適區」過著想要的生活，一旦覺知打開，哪裡還有「舒適區」呢？你會知道騙不了自己的心，因爲如果不是從內在的心、內在的神性去做事，內在馬上會有反應，批判、無力、疲累、壓力、傲慢……頭腦會出現很多聲音，「撕裂」你的平衡與寧靜。

各位「佛」！不要小看自己！從工作的挑戰中，你的體悟會更大；從家庭、各種事物的撞擊中，你的領悟才深，千錘百鍊就是實證。這是因爲你以自心的「降魔印」（空性的智慧）去降伏自我，一次又一次的突破，一次又一次的超越。「突破」就是不管自己的感覺、不聽自己的頭腦、不理自己的黑暗，就只是安然、穩「定」在你的內在，前進，存在！一次、兩次、三次……不斷的訓練自己，你的力量就展現出來了！你的生命會開始變得不一樣，然而，令人擔憂的是，你沒有往內去體悟；你認爲外在事物就只是外在事物，與內在無關，你錯了！**外在和內在是無法分開的，外在就是你的內在，內在就是你的外在，**如果你的內在是寧靜祥和的，你的外在也會呈現一片的安詳靜謐；如果你的外在混亂不堪，請不要批判自己，趕快用你的「降魔印」走入內在。唯有深入內在，從原本的黑暗混亂，來到下一秒鐘的寧靜安詳，內心便已得到和平。此時你的外在平靜了，從自心中找到無止盡的力量。

我便是如此度過每次的考驗——先找回內在的平靜，不管是學生們給我的撞擊或世界給我的傷害，我都先回到內在，更換「內在的場景」。在很短的時間內，傷痛不見了！它哪裡去了？哪有什麼傷痛！沒有！只有內在瞬間的祥和、寧靜、平衡，你變成全新的自己！帶著嶄新的自己繼續前進，繼續奮鬥，繼續面對問題；你會發現：昨天無法處理的問題，今天解決了；上一刻百思不解的疑惑，此刻解答了。外在如何改變的？沒有！必須從內在開始，你必須先敞開自己，面對自己，這是絕對的解決之道，也是解決問題最短的路徑，因爲這是宇宙進化的法則。爲了讓你的分裂對立意識「合一」，從「超越自我」的過程中，更加認識自己。

各位，你必須認識宇宙法則，無論發生何事，一定要先回到內在，看清內在眞正的衝突根源，與自心合一，外在自然就會顯化。

（三）世俗是修練的過程

每一個靈魂來地球體驗生命時，會很勇敢的選擇一些困難的生命課題，這些課題是我們自己設計的生命藍圖，讓我們從中體驗、淬鍊，見證生命的偉大。在這過程中，我們必須先體會「苦」，唯有親嘗人生的「苦」，才會想更深的看見生命實相，了解是否有未發現及未體驗的事物？這些苦，可以幫助我們打開心靈之眼，否則我們每天都以固有的思維模式及僵化的行爲習慣，不停的上演相同的戲碼。

我們隨時隨地都在創化自己的生命，當我們來經驗生命時，會有喜悅、成功、圓滿；也會有失敗、厭惡、不舒服。我們會有不想看，不想聽，不想面對的人事物；每個思維想法、每種情緒習性、每次感官記憶，都會記錄在潛意識裡，佛家稱爲**「阿賴耶識」**。記錄進去的意識種子會發芽，因爲意識是一個振動，它是有能量的，於是意識種子就會開始創化，不斷的發酵、發芽，吸引跟它同頻率的事件。也許你的顯意識無法感受到，但事實上這些種子、印記卻不斷的在潛意識裡活動。直到力量愈來愈大，飽和至某個程度，就會顯化到我們所經歷的生命中，讓自己不斷重複經歷。

意識是一種頻率，你一直不斷待在同一個頻率裡，就會吸引相同頻率的事件，負向頻率就吸引更多負向事情的發生；於是，生活中充滿了更多的挫折、沮喪、擔憂、不如意，這就是「業力」（慣有的思維與行爲習慣），也是生命課題的淬鍊。此時，你唯一能做的，就是**提高振動頻率**。不管生命課題是什麼：錢財被騙、親子關係出現困難、健康走下坡、最鍾愛的人離世……此時唯一能做的，就是先療癒自己；只有先完整自己，所有一切才會圓滿。

當你無法控制自己，潛意識的種子不斷的浮現（潛意識的意思就是——我們無法清楚它裡面儲存多少種內容，且控制了我們百分之九十五的行為），你是毫無主導權的。我們就像一頭牛，牛鼻上的金屬環就是業力，鼻環拖著你走，拖到左邊就到左邊，拖往右邊就向右邊，你沒有自由，一切只能任由潛意識做主。

一般人都認為業力不好，例如：前世我殺你一刀，此生我還你一劍。然而，業力法則並非如此。我對業力的解釋是：你上輩子記錄了張力很大的情緒，此生若時機成熟，就會再度經驗。當你傷害了人，當下的動機是什麼？引發的情緒是憤怒？無法原諒？覺得世上的人都不瞭解你？覺得世間沒有正義？這些想法與情緒會記錄在潛意識裡；因此真正傷害自己的，是那些記憶，而不是那個事件。你下一輩子來，生生世世被記錄進去的「記憶種子」，並不會憑空消失，依然會留在潛意識裡。

像錄音機一樣，只要有人按下這個play鍵，潛意識裡的憤怒、不信任、無法原諒的種子，瞬間全被翻攪出來，前世的情緒就會倒帶重播，因此你一股怒氣沖上心頭，就很想殺人。此時，如果你沒有經過適當的學習和引導，情緒就會失控。於是一次又一次，你會不停、永無止期重複同樣的行爲模式。

業力來時，我們只能無助地創化更多的悲傷、障礙與不信任嗎？你要被業力席捲進去嗎？你只能選擇擔憂、生氣、責罵、自責、埋怨嗎？當潛意識裡的負面印記影響生活、情緒、健康、心態、人際關係時，是否懂得探索這股負面能量，協助自己覺察、自省，像剝洋蔥一般，找到問題的核心？你如何面對、釋放潛意識的傷痛並與之相處？如何深入整合自心的對立面與陰影？如何帶著自己前進？如果你沒有更深認識自己，就無法從內在更深、更高、更廣的視野來觀照，也無從知曉目前的「症狀」、「試鍊」、「衝撞」究竟要送你何種禮物，你只能陷在同樣的意識頻率裡無法自拔。

「課題」一定會來的！你的孩子、身旁的夥伴、健康、事業、財富、情感等，每個人都有各自的「課題」。「課題」並不可怕，可怕的是無法「變頻」與僵化的思想！我們以爲用過往的經驗處理此刻的問題，就會找到答案解決困難，這是愚昧的想法。

奧修曾說：「往往你看過去的經驗，你就會發現四個字——了、無、新、意。」你企圖用舊經驗創造新業績，創造健康，創造和諧的親子關係，但怎麼可能？榮格說：「你無法察覺的事物，就會變成你的命運！」如果你無法察覺內在的變化，無法讓自己變完整，療癒自己的心，你就無法跳脫。你非「變頻」不可，而「變頻」就是療癒。

二、超越自我、轉化的英雄旅程

一般人邁向超越之路——
從「不知」到「覺知」，
經歷「覺醒」，最後達到
「覺悟」的心理路徑。

一個人從不知不覺、茫然無知，經歷覺知開展、靈性覺醒與自我覺悟的心理路徑，就是一趟聖達瑪 SatDharma 的過程。SatDharma 這個名稱的由來，是二〇〇七年我在北印度喜瑪拉雅山一個千年以上的聖地——剛果垂閉關，在一次很深的禪定中，上帝所送的名字，也是送給大家的名字。

Sat代表至高無上的本質，就是至高無上的智慧本體，它是無可取代，像老子講的「道可道，非常道」。這是一個非常偉大的所有生命的本質，所有生命的泉源。Dharma在梵語中的意思就是道路、路徑、方法。SatDharma的意思就是：回到至高無上的本體、本質，認識每個人內在至高無上本質的路徑，亦即眞理之路。

我們都在人生的「苦痛」中尋找「光明」，尋找那可以安頓身心的方式或方法。安頓身心的方法，確實就在一般人無法窺視的靈魂至深之處。

紀伯倫（Khalil Gibran）在《先知》一書中談到，有一個女人請教艾爾米斯特（Almustafa）關於「痛苦」的問題。

在這世界男與女不平權、陰與陽尚不平衡的年代，似乎女性擁有更多的苦痛與煩惱，卻也讓她們鍛鍊出對生命更敏銳的覺察力，女性也因此擁有更大的覺醒力量。文章中，先知說明了「苦痛」的本質，讓我們一起來看：

一位婦人開口說道：跟我們談談痛苦吧！

艾爾米斯特（Almustafa）答道：

你們的痛苦就是那破殼而出的領悟。

如同果核必破殼而出，才能得嘗日光的滋味，因此你們必須知曉痛苦。

倘若你們能對日常生活中的不尋常事物保持驚奇讚嘆之心，

那麼，痛苦所帶給你的驚喜絕不亞於歡欣。

悅納你心中的四季，就如同你恆常悅納拂過你田上的季節一樣。

如此，當你憂傷的冬季來臨時，你便可以靜觀其變。

大部分的痛苦是你自找的。

事實上，這是在你們體內的醫生爲了醫治你的心病，而下的一劑苦口良藥。

因此，信任這位醫生吧，平靜安詳喝下他的藥方。

縱使他的手術既剛且重，引導他手的卻是那不可得見的溫柔之手。

儘管他帶來的杯足以燙傷你的唇，

然而，燒成這杯的泥土，卻拌和著最偉大陶匠所滴下的神聖淚珠。

當人生的「苦痛」來臨時，心的悅納、樂受，成爲轉化苦痛的關鍵。苦痛，究竟是苦藥？良藥？或是靈魂走在覺醒的路途中，至關重要的靈藥？都看自心如何看待或定義了！

第四章曾提過：研究人類成功學的始祖拿破崙．希爾（Napoleon Hill, 1883～1970）在經歷一生的遭遇後，於八十四歲時，寫下人生最重要的一本著作《心靜致富：吸引財富最強大的力量，從困境到夢想成眞的祕徑》[7]，總結一生的研究菁華及精采的心路歷程，並揭露「富足」的最後一塊拼圖。他在書中寫道：「鮮少有人能不經歷一時的失敗和充滿沮喪的階段，就直接邁入成功。可是只要你能掌握內在的自我，就不會有一蹶不振這種事。你或許會被打倒，但馬上就能反擊；你或許會繞到崎嶇的道路上，但總能找到方式回到平坦的大道上。」在看盡人生的種種苦痛後，他分享了一句至理名言：

磨難是補藥而非絆腳石，每個磨難都埋藏著同等或更大福氣的種子！[8]

當內心眞正的平衡出現，平靜便跟隨著你。這內心中的所有力量，都是你人生創化與富足的根源，是你走向覺醒之路、英雄之旅的千軍萬

7《心靜致富：吸引財富最強大的力量，從困境到夢想成眞的祕徑》拿破崙・希爾／著，戴志中／譯，李茲文化。

8《心靜致富：吸引財富最強大的力量，從困境到夢想成眞的祕徑》拿破崙・希爾／著，戴志中／譯，李茲文化，p.7～p.8

馬。與其沉浸在苦痛之中，不如勇敢起而行，帶著自己邁向人生高峰！

（一）偉大的英雄旅程

偉大的哲學家愛默生曾說：「世界會爲知道自己要往何處去的人開路！」

似乎所有來到地球上的靈魂，都是從無知、不知不覺，漸漸走向知，走向後知後覺。而要重返先知先覺，那得經歷一山又一山的生命高峰。

事實上靈魂進化的過程就是一趟英雄旅程。所有發生在你我身上的「苦痛」，似乎都將我們推向一條未知的旅程，一一過關後，才更加了解自己，知道自己爲什麼經歷這些，及這些「苦痛」背後的眞正含意，接著又該往何處前進。

研究人類神話學的大師約瑟夫．坎伯（Joseph Campbell 1904～

1987）在研究全世界的古老神話後，發現全世界幾乎所有的神話都在講述同一個故事——英雄發現自我的旅程。事實上，每一個人在自己靈魂的永生藍圖中，都是無可取代的「英雄」！我們來到這個世界，體驗生命，並使自己的靈性提昇與進化。我們自身就是自己要找尋的生命答案。只是要知道這答案、這奧祕，你必須踏上屬於你個人的「英雄奇幻旅程」！

通常在這些生命「故事」的腳本中，會分爲三個大階段，約瑟夫．坎伯將之稱爲分離、啓蒙與回歸。大衛．威爾科克（David Wilcock）在《同步鍵：超宇宙意識關鍵報告（源場 2）》中提到：「……在進入神奇世界的早期階段，我們所經歷的都是『輕鬆愉快的』，像遊戲一樣。這時我們的注意力會被那些新奇事物所吸引，暫時忘了這趟探求之旅的艱辛和挑戰，而完全沉浸在這些新奇感所帶來的興奮之中。……但是隨著旅程往前推進，我們會漸漸發現，一切都不對勁了。……這時我們就可能意識到有個魔王正在前面等著我們，這是一個內心黑暗、十分危險的對手，他想要終止我們的探求之旅。」

他接著在書中說到：「約瑟夫．坎伯將這個魔王稱爲『守門人』（Guardian of the Threshold）。從根本上講，他代表著人格中某些阻礙我們實現目標的部分。在遠古神話中，守門人可能是一頭惡龍，且一旦我們通過這頭龍所鎮守的關卡，就會發現那個等待救援的處女（象徵進入到潛意識心智的這種全新狀態）；我們還會發現黃金（象徵當我們與更高自我重新連結時，將會發現的無數智慧和天賦）；接著，我們還會發現死後世界的祕密。另外坎伯還指出，最重要的寶藏是『永生靈藥』（Elixir of Immortality）——可以轉變我們過去那個平凡世界的神奇夥伴、東西或知識。」[9]

9 《同步鍵：超宇宙意識關鍵報告（源場2）》大衛．威爾科克／著，黃浩填／譯，橡實文化，p.206~p.207。

你是否感到很熟悉？是否你喜愛的小說、故事或電影，都可以看見這些結構的影子？是否這些歷程也跟你目前正在經歷的旅程有異曲同工之處？別懷疑，眞的就是！正如大衛所說的，我們似乎都在一個全球共有的清明夢中走完同一個故事，全世界的人都在經歷這些相同的循環模式，只因爲我們是同一個本體！

在這裡我們融合了多年的研究，將英雄的旅程分爲四個大階段：**啓程（分離）、啓蒙、回歸與全知**；四大階段共包含十三個小階段。

1. **啓程——①迷茫期、②困頓期、③麻木期、④驟變期**。當靈魂啓程來到地球，在「合群演化」的過程可能有某些感覺還不強烈，但如果已經來到「個體性演化」及「靈性演化」，那內心會經歷巨大的疏離感，你一定會覺得不被人所了解，會感到似乎「與世隔絕」，心中也異常的孤獨，甚至在內心深處覺得愛（或說上主、造物主）已經拋棄了你。所以你極有可能會在內心深處築起心牆，建立起層層的「防衛機制」，好讓自己不再害怕和受傷，但也因此而逐漸冷漠，失去人生動力及方向。或是另一種情況，已經獲得人生應有的一切，但心中總有一種「失落」、一種聲音，不斷問自己：「就只是這樣了嗎？」於是開始踏上探尋自我的旅程。

2. **啓蒙——⑤尋找期、⑥嘗試期、⑦挫敗期、⑧面對期、⑨合一期。**

隨著內心的煎熬，你終於不想再這麼走下去，你會開始在心中默默祈禱，雖然你並不完全相信祈禱的奇蹟。而在人生的轉換點，可能一本書、一張課程DM、一封e-mail、一篇文章、一部影片或電影、一個人、一句話或一個關懷，都可能將你「推」向覺醒之路；但「魔王」也會隨之出現，那就是內心的恐懼與陰影。而這漫長的旅程，會讓你勇敢看見自己的力量，走進黑暗，面對與療癒自心中最深層的執著與缺點。藉著這個過程，你將獲得勝利或覺悟，在靈性上進入眞知的開悟狀態。而眞正且無私的愛就是「永生靈藥」，在經歷層層難關後，對你來說已唾手可得了。

3.**回歸——⑩超越期、⑪妙用期、⑫昇華期**。你將帶著對世界的新理解、全面性認識（全觀），對生命全新的領悟回歸人間，回歸到與一般人一樣的「普通生活」。看似一般，卻隱藏極大的愛力與智慧，分享人人自心皆有的「永生靈藥」，推動人間的內在革命，使世界在默默之中「轉變」！當然這是個全新階段的開始，也有不同的考驗與挑戰等著你，不過因爲你看待世間的一切已然不同，也有著神奇的「永生靈藥」，陪伴你也陪伴與自己原本是「一」的其他生命，走向下一個人生「高峰」！

4.**全知——⑬圓熟期**。經過一番在人間的「入廛垂手」[10]，慢慢來到眞正的圓熟，眞正的生命大圓滿境，眾生盡、煩惱盡、涅槃盡、無量盡、一切智智竟、一切皆盡竟……沒有任何語言能形容的大圓竟境，只有

10 根據《佛說放牛經》所繪製的「十牛圖」，此援用廓庵禪師版本十牛圖中的最後一圖。

等你來親自體驗了。

現在我們就來一一介紹，這超越自我的英雄旅程，四大、十三個階段進程：

英雄之旅十三個階段

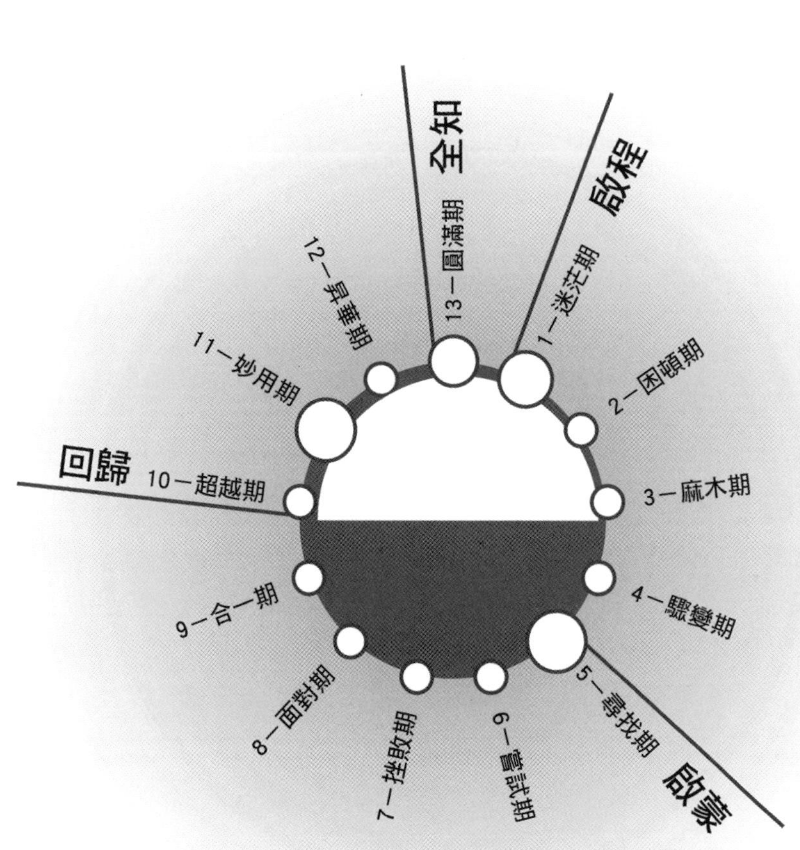
全知
啟程
1—迷茫期
2—困頓期
3—麻木期
4—驟變期
5—尋找期
啟蒙
6—嘗試期
7—挫敗期
8—面對期
9—合一期
回歸
10—超越期
11—妙用期
12—昇華期
13—圓滿期

1. 啟程

①迷茫期

不假思索也不知道生命的意義，雖然活著，每天吃飯、喝水、睡覺、呼吸、活動，但只是空有這個肉體，並沒有和自己的靈魂連結，甚至不知道有靈魂或更高智能中心的存在。心中相信的是發生在周遭的事情，每天要面對柴米油鹽醬醋茶，面對金錢、事業、家庭，而你只相信這些存在，也以爲這就是人生的全部。

在發展極爲快速的社會環境下，很多人的心都生病了，所謂的「心生病了」，就是心受了很多的傷，或找不到生命的價值與意義，造成「心靈閉塞」的現象！我們已經迷失在人間的遊戲中，迷失在工作裡，迷失在家庭裡，找不到自己與生命價值，只好渾渾噩噩過日子。我們活在三次元的舒適區，活在本能反應裡，活在強烈的自我認同裡，你成了頭腦產生的創造物，一個又一個，永不止息！此時的生命如同奧修禪卡裡的「守財奴」，裡頭有一個老婦人守著所有她覺得珍貴的寶藏。我常藉由這張牌卡形容一個人的心理和心智狀態，執著所有過去的好、壞而不肯放手，這是一個非常貧窮且茫然的心智，因爲再也看不到別的方向、也容不下新的事物、新的可能性。你的心非常忙碌、茫然、盲目，只關心自己的利益，賺錢、工作、家庭、孩子，日復一日。心被潛意識所綑綁，心是封閉的，充滿了競爭性思維，缺乏同理心。迷茫期的生命，像有體無魂的傀儡，無法爲自己的生命作主，任由環境、情境以及潛意識和習性所牽制。

②困頓期

你很努力，想成爲社會的一分子，想成爲家族的期望，也很用心用主流文化打造自己的生命，堅持自己的價值觀，固守自己的信仰。但是無常總是會來的，功課總是會來的！業力來了，我們卻把改變的力量送給外在的威權（如求神、算命、醫師等），試圖從外在尋求慰藉；或把所有錯誤歸咎他人，認為一切的發生和自己無關，所有的錯誤都是別人造成的，不願為自己生命負起責任。

生命不斷重蹈覆轍，相同的問題如滾雪球般，愈來愈重、愈來愈大；究竟生命發生什麼事情，為何不想重複經歷的經驗，卻不斷反覆出現？在計畫開展的過程當中，有時還會突如其來出現一個「程咬金」，在事情原本就要圓滿成功時，一而再、再而三來煩擾你的生命！不想要的經歷，總是不停發生，你不知道生命到底發生什麼事，你陷入黑暗的坑洞……負面循環似乎永無止盡……

創立「鑽石途徑」的阿瑪斯（A. H. Almaas），本名哈彌・阿里（Hameed Ali）有所謂的「坑洞理論」[11]。每個人在潛意識層面都有自己的坑洞，但我們無法察覺自己正活在自己的坑洞裡，甚至不了解坑洞的內容爲何。有時你在絕望的坑洞裡，但你感覺不到；累積了很多的憤怒，但你不認同！當你在坑洞裡的時候，**其實你是看不見自己的眞實情況的，更糟的是：我們戴著坑洞的扭曲眼鏡在看待家人、看待旁人與這個世界。**因爲那是屬於潛意識的領域，而潛意識的力量超過表意識力量三萬倍以上，我們因爲沒有學習如何正確使用潛意識的力量，因此你根本無法擺脫負面力量與已遭扭曲的投射，也無法察覺自己如何被坑洞所控制。

---

11 「坑洞理論」（the Theory of Holes）。坑洞指的就是已經失去連結的某個部分，也是無法意識到的某個部分。從最根本來看，眞正喪失的，是我們對本體的覺察，因爲無法覺察，本體就會停止顯現，然後我們就會感到匱乏不足，例如「愛」、「價值感」、「力量」……等等，於是就從外在尋求價值感來填補這樣的坑洞。雖然無法覺察本體的某些部分，但並不意謂它們消失了，只是和它們斷了聯繫。

你不了解自己，不明白自己正處於何種坑洞，而你若不去觀察它，不去發現它，就無法跨越過去，撫平坑洞。所以你必須先察覺它的存在。

但由於在坑洞中已經待得太久了，覺察不到自己的狀態，即使把注意力拉回自己身上，還是無法看到自己。潛意識的坑洞理論和宇宙間的黑洞完全是相通的，宇宙的中心是一個黑洞，黑洞的質量非常大，會吸進所有的物質，也會讓時空扭曲。生命坑洞也是如此，坑洞周圍也會有能量場，我們在坑洞裡面活得太久，受其影響太深，坑洞的「場」讓我們的自我扭曲，忘記自己原本的樣貌，更失去與「神聖中心」的連結。此時的你只會感覺到生命的無助、無奈和自己的無能、渺小……。

心想，難道生命就只能是這樣了嗎？

③麻木期

有兩種形態在此階段，一是朝向自己所設定的成功努力邁進，努力變成金字塔頂端的一員，逐漸迷失於擁有與失落中，久之，便對身旁人、事、物的一切「麻痺」了。二是我們對生命有很深的無奈、感覺不到生命的活力與希望，甚至放棄所有一切的努力，因爲再怎麼做都沒有用處；再怎麼努力都無法改變，最後只好自我遺棄、自我放逐，日復一日，或埋首於工作中，逐漸遺忘「內心的聲音」，放棄曾有的「偉大夢想」，承認「現實」與「理想」的差距，在多彩多姿的地球學校裡，成爲生命的中輟生！較極端的案例，就如同上一章所談及的，因「心靈閉塞」所導致的占有、邪惡與絕望的症狀，如：酗酒、吸毒、沉迷情色、沉迷電玩等，試圖從自我麻痺中忘記這一切的痛苦。

爲了尋找短暫的快樂，獲得殘缺的圓滿，你以爲用三次元的物質就能塡平潛意識的坑洞，就能彌補心的裂痕、空虛，事實上，它們是完全不同的兩種材料！你以爲賺更多錢就會有安全感；以爲擁有甜蜜的愛情，這輩子就會心滿意足；以爲把孩子照顧好，將來便高枕無憂，結果總是令人失望！維持圓滿的關係、工作、健康、事業並不容易，於是就開始彼此間的「能量爭奪」[12]遊戲。你以爲自己願意爲家人犧牲，例如父親有狀況了，你會處理；母親有問題了，你會處理；兄弟姊妹有困難了，也是你一肩挑起；公司有事了，責無旁貸。

你感覺自己像一隻疲憊不堪的狗，經常有處理不完的事情。後來你絕望了，因爲你的努力得不到回饋，家人也沒有因此而改變，心也更加疲累了。當你再也受不了這些狀況，你的「防衛」模式就會開始出現。選擇「逃避」、漠不關心，甚或大吵一架、搞失聯等等，遊走於無力與麻木的兩端。

所謂「當局者迷」，你會發現愈做愈錯。每天消耗很大的能量應付

12 爲了達到自我的目的，例如引起他人注意、希望獲得他人的愛，以特殊的方式或激烈的手段、情緒反應等，企圖達成願望，而造成彼此間的不和諧。在《聖境預言書》提到，人與人之間，不斷在上演能量爭奪戰！我們因爲自身的能量不足，便想從別人身上獲取。我們用不同的方式演出「控制戲」，用乞憐、冷漠、審問及脅迫，來奪取別人的能量。如果不能看清自己及別人在無意中所扮演的角色，我們就無法跳脫這場戰爭。

生活中被塞滿的事件，似乎每天被生活「追殺」，被「課題」「追殺」，看似忙碌，心卻更加茫然與無助。而潛意識的坑洞，在此時發揮它更強大的作用，使你離自己「心」的根源愈來愈遠……對生命愈來愈「無感」……對「希望」愈來愈無感……對一切都無感……。

認爲世界是一場戲，一場無聊的戲，都在騙人，都是「歹戲拖棚」……想痛痛快快大哭一場，卻怎樣也擠不出一滴眼淚，只得將自心深深禁錮在親手打造的心靈牢籠之中，永不見天日……。

因爲這樣再也感覺不到傷痛，感覺不到煩憂，這樣就不用再「看見」那些令人挫敗、無力、無法接受的事物，久而久之就感覺不到「感覺」了……。

這時，你是人海中的孤舟，是人群中的孤島，最常出現的情緒叫孤單、空虛。我們因爲沒有學過「性靈科學」，沒有學過如何陪伴自己的心，因此不知該如何度過每天的漫漫長夜。只能任由失眠、壓力、失控的情緒，逐漸吞噬自己的靈魂與健康……。

天、地、人擁有廣闊的能量，此時的你，極易失去與大地能量的連結[13]，也缺乏來自浩瀚又無所不在的法界能量[14]的補充，因此不斷在自心坑洞中打轉；在生活中迷失而無感，你明知那邊有個洞，但你還是掉進去了！這就是坑洞理論！

榮格說：「**為了拒絕面對自己的靈魂，人類用盡各種手段，無論如何荒謬！**」

13 大地能量的連結，或是稱之為接地練習，將自己的能量或意識擴展和大地（地球）連結，藉由呼吸的動作讓自己的頻率和大地逐漸融合在一起。透過重新和大地的能量連結排除負面能量，補充生命動能以達到解除疲勞，恢復生命活力的效果，同時並感受大地之母的寬廣和愛，感恩的心油然而生。

14 法界能量遍及所有一切，無所不在包含著宇宙、銀河、地球、人類、所有動植物、分子、及原子，祂維持著所有次元、時間、空間的運行，也是平衡生命秩序和意識擴展的要素。因此，在法界的狀態下，即是有，也是無。祂存在於所有面相當中，沒有既定的形體，卻可以幻化出所有的一切。你就是法界，法界就是你。（參閱《光藏覺醒卡》一書）。

是眞的！你需要方法來認識自己、看見自己的生命模式，了解可以爲自己的生命做些什麼，爲自己的生命負責，爲生命注入心／新的力量，轉換生命模式與習性。透過轉化、超越的過程，生命才得以重見曙光。但是，你無能爲力，你也不願改變；坑洞，因此愈來愈大！當內心、潛意識中阻塞的能量愈積愈多，大到足以「顯化」成事件，或冥王星的「摧毀」能量來到時，你就進入到生命的下一個階段。

④驟變期——冥王星的力量

當你長期不願理會、處理該面對的功課，或是在靈魂藍圖中應該超越的「課題」，應該修的生命學分；由於宇宙的進化動能分秒都在推動所有生命前進，當你擺爛、不願前進、不願「看見」時，生命就會以更大的張力——疾病、症狀、無常來提醒你、撼動你一直以來建造的心靈堡壘，讓你「看見」你早該「看見」的。坎伯將這種逃避稱爲：「拒絕召喚」，並指出世界上許多神話都不約而同的警告，這種人將會付出沉重的代價。如同先前馬斯洛所說：「如果你故意計畫要讓自己不如你所能成爲的人，那麼我要警告你，你的餘生將會非常不快樂！」[15]

這來自靈魂深處的不快樂，便會產生種種人生的「症狀」。正如同在上一節《先知》（本書 p.52）中所談到的「痛苦」。你面對失去健康的恐懼，你發現「有錢買不到幸福」的悲哀、甚至窮得只剩下錢！你無法接納生命無常的撞擊，你無法穩固家人、事業、情感、健康、財富的基石！無常如一隻巨大的怪手，瞬間破壞、摧毀並奪走你多年來辛苦建立的「王國」！

此時，無法平靜的自己，會使你無法「看見」這位「內在的醫生」所下的良藥，無法「悅納」，沒有喜悅，更無法「信任」！當生命最重要的人事物，一夕之間蕩然無存、一無所有時，如何能體會這帖良藥？

15 《超越自我之道：超個人心理學的大趨勢》羅傑・渥許、法蘭西絲・方恩／著，易之新、胡因夢／譯，心靈工坊，p.211。

如何又能信任？此時，只有生命的苦痛，哭泣、求助無門，叫天不應、叫地不靈的悲泣。似乎被上帝所遺忘，被生命所詛咒……。

正走在此階段的朋友們，請聽我說，你們正在經歷生命中最重要的「蛻變」期！最美麗的蛻變！但這裡有個十字路口，那是靈魂的挑戰；此時的路不在東南西北的方位上，而在「上」！你願意往上提昇？或向下沉淪，回到過往，將心「卡」得更死？就看現在的一個決定了。

你相信這帖「驟變」的苦藥，是你神性的「召喚」嗎？

你願意相信，這是你的「更大的自己」或稱爲「高我」、「眞我」所能帶給你生命中最美麗的禮物嗎？我知道你會說：「怎麼可能？我的生命，我的高我，或神、上帝、諸佛，爲什麼要如此待我？爲什麼要發生這些我無法接受的情況？讓我如此痛苦，讓我嘗盡人間的『一無所有』，讓我感覺走在生命的斷崖前，只能往下跳，毫無轉圜餘地；痛苦到甚至想結束生命，結束這所有一切的苦痛！爲什麼是『我』？爲什麼這麼不公平？我沒有傷害過任何人，沒有做錯事，爲什麼？爲什麼？」

無法控制的眼淚滑落臉龐，伴隨著沒有任何回應的冷漠空間，瞬間的窒息感，只能任由痛苦凌遲！無止盡的痛苦「黑洞」，一連串的未知，帶動整個背脊發寒，巨大恐懼侵占你的心，無法知道痛苦何時才會消逝。「拯救」在何處？「奇蹟」又在何處？劇烈的絕望，如同一把鋒利的刀，狠狠一刀刀劃過心臟……任由血液（象徵生命力）流盡、流乾……。

可是，讓我們反過來思索：難道只有此刻發生的這一切而已嗎？是否有另一些「微細」的事件也正在發生，卻是我們所忽略、所覺察不到的？讓我們在此刻按下「暫停鍵」……。

請相信，你正走在每個人必須經歷的人生「黑夜」，每個生命的英雄，都必經的「黑夜的通道」。靜下心，雖然很難，但如果你正閱讀這本書，你會知道，我們正在陪你，不要害怕，我們聽得見你的吶喊，感覺得到你內心的苦痛、憂傷、孤寂、絕望與害怕。此時不要輕易下任何決定，以免事後徒增遺憾與悔恨。

其實，你的神性眞的正在「召喚」你，你全新的生命正在「召喚」你，你相信嗎？倘若你沒有準備好，上帝不會將多餘的重擔給你，倘若你沒有「力量」，上天不會將驟變的課題給你，一切都只爲了讓你「看見」，看見更大的生命視野，看見更多重的生命無限可能性，看見更多你以往視而無見的「愛」，看見自己的智慧與力量……。

但這時許多靈魂會將「驟變」看成惡魔，看成邪惡的力量，或更恐懼「覺醒」、「神性與佛性」，甚至因此而改變宗教、改變團體等。心裡會將此想法，投射到外在世界中，家庭、工作、小孩、金錢、神性或覺醒本身成爲你的恐懼，成爲你心中陰影的「代罪羔羊」。

在喬瑟夫．坎伯（Joseph Campbell）所著的《千面英雄》[16]中描寫了一首詩：

我逃離祂，日以繼夜；

我逃離祂，幾經年歲；

我逃離祂，走入我自己心中迷宮般的路徑；

在淚水的迷濛中我躲著祂，

還有在連串的嗤笑聲下。

坎伯寫道：「個人受到神聖存在的日夜侵擾：這裡所指的神聖存在，是個人自己有若閉鎖迷宮的迷失心靈中，那活生生自我的意象。所有通往大門的道路都失去了：沒有出口。個人只能像撒旦一樣，憤怒的抓住

16《千面英雄》坎伯／著，朱侃如／譯，立緒出版。此書爲神話學大師坎伯的經典之作，本書追溯了幾乎所有全世界的神話中，英雄歷險和轉化的故事，並從中揭露同一原型的英雄。

自己，待在獄內；要不然就是在上帝的手中破裂，最後毀滅。」[17]

「驟變」這帖良藥，讓我們停下生命的腳步，慢下來，重新檢討與自省。「自主的內省」是上帝所能送給人類最珍貴的禮物之一。坎伯於書中另一段分享：「事實上，自主的內省是創意精神的傳統實踐方法之一……它將心靈的能量推送到深層，並啓動無意識之嬰兒期及原形意象的失落領域。當然結果可能或多或少使完整的意識爲之解體（精神官能症、精神變態：戴芙妮被咒語困住的苦境便是一例）；但另一方面，如果個人的人格能夠吸收整合這些力量，則他將會體驗到一種近乎超人程度的自我意識與純熟控制……」

大腦中我們賴以爲生，早就根深柢固的神經迴路，控制我們意識邊界與視野，倘若沒有「驟變」來撼動神經迴路，讓意識「解體」，我們

17 《千面英雄》坎伯／著，朱侃如／譯，立緒出版，p.61。

又如何能從每日繁忙的事物中，重新看見希望與重生呢？

你能勇敢的被「驟變」吞下，讓無常吞下，讓自己被吞入「未知領域」，哪怕感覺自己幾乎快要死去？

偉大的瑜伽行者：阿南達．古瑪拉斯瓦密（Ananda Coomaraswamy）說道：

「沒有受造物，能夠不通過死亡而達到較高層次的本質。」

你能相信「驟變」正在撕裂你的自我，讓你經歷自我概念的「死亡」，使你的意識重組與整合，讓你進入尋找「永生靈藥」的至聖所，讓你找回解救生命力量的所在之處嗎？

總而言之，「驟變」似乎敲醒你內在某種醒悟，你覺得生命應該有所改變，而似乎眞的有種呼喚、有種力量，從內在隱隱出現！雖然目前尚不確定，又感覺前途茫茫……。

在此階段，也會有些人再次選擇回到「迷茫期」，而在前面四個階

段中「無有出期」！直到下一次「驟變」再度出現，再次敲響自我習慣與習性的喪鐘。

2.啟蒙

⑤尋找期

坎伯說：「**未知領域是無意識內容投射的自由帶。**」如同前面所說：人們會恐懼未知事物。當你願意學習並超越恐懼，想「看見」生命時，你就會發現自己的行爲與思考模式總是讓自己原地打轉，或者人生的冒險之旅永遠都只在「安全範圍」內行進，因此你的生命永遠只會得到一種答案！於是你開始思索生命存在的意義，當你決定跨越自己制定的遊戲規則的邊界時，你開始了內在啓蒙階段的英雄旅程！

這時，彷彿有一隻看不見的手指引著自己。看著電腦上的螢幕，打下從來沒有搜尋過的「關鍵字」，造訪從來不曾想過的網頁。許久沒聯絡的同學、家人，突然邀請你去參加一場從來沒聽過的「溫柔覺醒講座」，或是伴隨著突然低潮的心情，於是你帶著自己走進鬧區的書店，走向你從不曾看向的專業書籍區，一本大大的字，吸引了你的注意力。你雖然不曾看過這類的書，竟從書中開啓了你無法想像的人生另一頁。

「勇氣存在於自我恢復的能力之中。」愛默生說。

一九四六年諾貝爾文學獎得主，赫曼赫塞（Hermann Hesse, 1877～1962），是我非常喜愛的哲人之一，他用盡一生，勇於追求愛與眞理。他曾說：「對每個人而言，眞正的職責只有一個：找到自我。然後在心中堅守其一生，全心全意，永不停息。」

坦白說，要找到自我，還眞不容易，如同在希臘阿波羅神殿的門廊上寫著：「認識你自己」！一旦跨越驟變黑暗期，冥冥之中，宇宙的共時性（Synchronicity），同步性帶著你往下一個人生之境前進，雖然充滿試煉與未知，但我們內心深深明白：是時候了！該前進了！總不能一直停滯不前，浪費生命吧！其實，英雄的旅程總不孤單，「暗中」的天使、貴人似乎都會在此時「出現」，拉我們一把，或給我們受用一生的「忠告」！慢慢，你會發現，有股「仁慈」的力量，或稱爲「愛力」，在你最困難的「通關過程」中，給予你意想不到的支持與幫助。

「淨化自我」，是啓蒙階段中十分重要的過程，靈魂透過驟變的洗禮與未知的試煉，逐漸踏上「淨化自我」的道路，開啓沉睡已久的「覺知」，帶來人生黑暗中的「光明」。坎伯甚至提到：「在神祕家的字彙中，這是成道的第二階段，也就是『淨化自我』的階段，此時的感官『潔淨而謙遜』，能量與興趣的焦點則『集中在超越的事物上』；以比較現代的語言來說：這是消解、超越，或轉變我們過去嬰兒意象的過程。」[18]

「扣門，門就爲你而開！」在此階段，當你準備好時，「師父」也就應聲而現。而任何專業的「性靈嚮導」都知道，欲從「淨化自我」中獲得眞正的力量，你就必須走進、下潛到潛意識心靈迷宮的蜿蜒窄巷中，進行黑暗、危險的「冒險旅程」。否則，所有的心靈鍛鍊或精神探尋只不過是換個輕鬆場景，在玩「扮家家酒」罷了！要進入潛意識的坑洞並不容易，需要運氣很好地找到眞正專業的嚮導或教練，且遇上眞正無私的愛的環境，否則沒有足夠經驗的教練和你，都會墜入潛意識無止盡的黑暗中，喚醒自身的陰影力量，自我滿足、或投射、或自欺，自以爲正在進步；甚至被沒有眞正無私之愛的教練所控制，成爲你生命中「必須」的拐杖、救生圈或救世主等，這就太可惜了。我們得從生活中的種種跡

---

18 《千面英雄》坎伯／著，朱侃如／譯，立緒出版，p.104。

象，有意識發現自己待在哪一種坑洞裡面，透過學習，我們得以靜下心來觀察。在日常生活中，我們脫離不了五種角色的扮演：

「脅迫者」與「乞憐者」、「冷漠者」與「審問者」，再加上「牆頭草」，彼此之間互有對應性。當你透過生活看到很多自己的思想與行爲模式時，這個模式是珍貴的足跡，也是拯救自己必備的線索。慢慢的，你願意跟隨這個足跡前進，去發現內在的坑洞，看見自我是如何被扭曲，是如何被「不實」的過往記憶給控制。你必須看見它，才有辦法跨過它，如果你不知道坑洞有多大，你是跨不過去的。我們會將未知的黑暗投射成巨大的怪物，而被自己的想像打敗。另一個不想進入的挑戰在於大量的「負面情緒」。因爲我們的注意力原本就只習慣觀看外面的世界，突然把鏡頭轉向自己時，你會開始跟更深層的自己連結；很多人覺得痛苦，因爲你會開始跟失聯已久的情緒連結。事實上，情緒本身並無「好壞、正負」的差異，我們正透過進入深層情緒結的過程中，重新找回自己的力量，並重新「看見」過往事件的意義性，深入經歷，轉化便在眼前。

我們必須通過潛意識坑洞，這道象徵精神鍛鍊的「轉化變形之門」，一窺那隱藏在生命、苦痛、坑洞背後的眞正意涵。生命的奧祕早已隱匿在你的問題之中，要想學習、了知這些奧祕並從中得益，你得勇敢的「跳」進去，正如一句古語所說：「你以爲自己不用走過前人歷經的試鍊，就能進入幸福的樂園嗎？」《寶瓶同謀》的作者，瑪麗琳·弗格森（Marilyn Ferguson）在書中引述了錫爾包的話語：「**未來的路沒有不冒險的。我們要決定的是我們要冒哪一種險？**」

如何才能塡補、撫平並超越這些潛意識的坑洞？唯有「愛」！唯有勇敢的看見坑洞，才有辦法眞正幫助自己。如果你想眞正幫助別人，幫助這個世界，你必須先幫助自己，了解自己的坑洞，然後開始用愛的力量協助自己、陪伴自己、支持自己、修復自己、整合對立，進而超越自己。

前面有提過美國大衛．霍金斯博士研究的「意識地圖」[19]，他發現並建立意識的能量級別，這個發現甚至被喻為「驚天的祕密」；真的，此生的成敗都由自己的意識能量級別所決定！「愛」的指數是五○○，那是慈愛、崇敬與天啓。當你決定「冒險」，決定踏出改變的第一步，就代表你已經從「勇氣」出發，它的能量指數是二○○，當你逐漸跨過坑洞，你覺得生命是「有希望的」，那是三一○的指數，然後來到能量指數三五○的「接納」，你願意接納「驟變」嗎？你願意接納自己的脆弱、無助與恐懼嗎？你願意接納以前傷害過別人嗎？你願意接納過去生命的種種嗎？你願意接納曾經傷害過你的人嗎？當你一步又一步超越了，就會進入「愛」，體驗「愛」，與「愛」合一。身心一切都準備好時，

19 請參閱《心靈能量：藏在身體裡的大智慧》大衛．霍金斯／著，蔡孟璇／譯，方智出版。

「師父」就能領你往下一個階段前進。

⑥嘗試期（冒險）

在經歷了巧妙奇蹟式的「偶然」後，踏出願意冒險的一步，嘗試爲困頓、停滯或渴望尋找價值與意義的生命找尋出口，透過多種的心靈課程或你認爲合適的宗教派別，爲疲累的心靈找到一處避風港與安全感。

無論是解決自己的困境、社會事件、世界的問題或想超越自我，最根本的核心還是回到自心當中來「認識自己」。你必須回到源頭，學會愛自己。愛自己不是空談，然而大家並非眞正理解「愛」，愛自己並不是很表象給自己穿好的、吃好的，以爲對自己好就是愛自己，其實大多數人通常都只是在餵養自身自私面的 ego（自大的我）而已，當再次遇到生活面的衝撞，或工作中的瓶頸，因爲不夠認識自己，不知如何運用內在的智慧解決這些問題時，很多的能量全部都再次糾結在一起。

如果你進入宗教，或去某個心靈團體上課，或從事靜坐、瑜伽、在家自修等，是的，從表象上看，你正在「嘗試」，嘗試各種的可能性及可行性，但如果你沒有方法，不去面對自心眞正衝突的根源，不去處理內在的對立面，進入內在關鍵的轉化之道，這些「外在」的方法，不過是讓自己獲得短暫的喜悅，或暫時性的從問題中「抽離」，逃進宗教，逃進心靈，逃進各類課程或旅遊，給自己稍稍喘口氣，而這些並無法讓你認識眞正的自己！

在聖達瑪學院，我遇見許多人，嘗試過無數的方法，上過無數的心靈課程，或在宗教中嘗試遇見神的人，修行了數十年，卻依然沒有品嘗過「高峰經驗」、「與神對話」或「入定」（三摩地）等；沒有眞正整合分別意識的對立，依然沒有在內心中眞正與「神」相遇！或是另一些人，他們以爲已經受過許多課程中對潛意識的清洗，面對過無數次的自己及問題，他們經常回說：「這些我都知道了」、「我都玩過了」……等等，或自以爲已經來到「精神的高峰」、「成道」、有「果位」，這些都是「自欺」的幌子，不過是想讓自己隱藏在「我很好」的表面下，繼續讓分別的概念與意識、對立的陰影等，有一處「寄居」之處，持續擁有自欺之「表象」的光鮮亮麗！

在嘗試期的過程中，「嘗試」是試圖找到進入神境的幽徑，試圖在性靈精神鍛鍊的過程中嘗試各種「消融」自我分別意識的方法。在聖達瑪，我們並不打算將自我給「殺死」，或將自我視爲回歸神性與佛性的阻礙；眞正的障礙，是我們在不知不覺中給自我貼上的種種意識標籤、認知，只要找到「消融」或「撕下」自我意識標籤的方法，自我將自行恢復，展現他／她最亮麗光采的一面。而在神祕學中「嘗試」，是試著進入那不可思、不可想的狀態，嘗試超越自我的意識，飛進那深邃又神祕的「永恆」之中。

在神話學的象徵語言中，女神所代表的是「能被認識的全體」，而英雄（她／他）則象徵著「去認識全體的人」！這與古密教譚崔（Tantra）

的教導有異曲同工之妙，佛父與佛母。佛母象徵著廣大浩瀚的智慧源泉：「空性」，由「空」而顯化萬物「有」，佛父象徵著「有」的創化展現和欲與浩瀚「空性」融合或結合的「方便」。「方便」象徵「慈悲」，因要與空性、本性融合而產生出的種種「方便」，以能帶領學生，得到更佳的訣竅，獲得與自性合一的智慧與慈悲。

隨著英雄（他／她）在人生啓蒙過程中的緩慢發展，「女神」，也象徵著他／她生命最內在的本質！坎伯寫道：「……女神的形象也爲他而經歷一連串的變形：她絕不會比他偉大，但她總能不斷給予超過他所能了解的事物。她引誘、嚮導並命令他掙脱自己的腳鐐。如果他能符合她的心意，則認識者與被認識者兩造，就能從所有局限中解放出來了。[20]」

這不正是所有神祕家、自古的明師們企圖告訴我們，並使我們親自

20 《千面英雄》坎伯／著，朱侃如／譯，立緒出版，p.121。

經驗到的「永恆」嗎？

他接著說：「女人是帶領達到感官歷險崇高頂峰的嚮導。她被眼光淺薄的人貶低到次等的地位；她被無知的邪惡之眼詛咒爲陳腐和醜陋。但她在有識之士的眼中得到了補償。凡是能以她本來的面貌接受她，不過激並擁有她要求之仁慈與自信的英雄，就有可能成爲她所創世界中的君王，亦即神的肉身。」[21]

與女神（即每個人自心中都擁有的「愛」之本質）相遇，當自心中的英雄——象徵著想超越、發現眞相的自己，過了一關又一關，通過「父親」與陰影所投射出的「惡魔」幻相，將使英雄逐漸更認識自己，並在過程中使內在的陰性力量與陽性力量雙雙結合，產生新的、更精微的洞識力量。最後與女神，自心中的本質、自性，相遇而合一，是英雄（欲

---

21 《千面英雄》坎伯／著，朱侃如／譯，立緒出版，p.121。

認識本體的人）獲得「愛」之終極恩賜的試鍊。而這「愛」就是智慧的源泉，並包含永恆的生命本身。

在「嘗試期」中，你試著修復自己，跨過黑洞，你的心開始從自己打造的牢籠裡釋放，獲得自由。你已經能夠看到自己的反應和自我扭曲的程度，而更有能力釋放自己的心，療癒自己的心。只有先療癒自己，你才有辦法感覺眞正的活著。也只有先從心開始認識起，慢慢找回自心平衡的力量，甚至重新認識自己，重新認識自心中陰與陽的力量，逐漸的往「女神」的方向前進。此刻，你也開始與「奇蹟」相遇，因爲自古神話中的女神，一定住在艱難、充滿危機的「彼岸」，而路程中總有神奇的「奇蹟」發生。生命的禮物開始一一到來，（成功、轉機、關係、健康、財富、富足等）支持著你，此時千萬不可因爲這些禮物的出現，而停下探索自己的腳步，這些「奇蹟」的顯化，是爲了讓你繼續往更不可思議的「永恆」之愛邁進。否則就會讓生命「空轉」，著實可惜。

⑦挫敗期（撞牆期，嚴峻的挑戰期）

隨著日益加深的渴望，專注於內心的性靈揚升，透過工作、從事有意義的活動、傳愛等幫助自己更加提昇。但有幾個狀況會發生在這個階段，這亦是精神提升、生命蛻變的必經重要過程。

一、努力許久之後，總會想看見改變與轉機，無論是自己或生命中某個重要的人。但看見自己或那個人並沒有改變，或改變的速度沒有預期的快，或情況依然沒有好轉等等，「懷疑」就在此時悄然登場。「這樣做眞的有用嗎？」、「到底還要做多久才會眞的改善？」、「這眞的是對的方法嗎？」、「還是自己又被騙了？」、「不想再做了！」等……。

二、透過生命中、課程中的學習，開啓了「覺知」；每天的竟心，讓我們覺知愈來愈擴展，於是更容易看見自己的負面「心念」，看見自己好多的印記與習氣，看見自己「隱晦」的意圖，就更放大自己的反應與自責。這鋪天蓋地的自責、羞愧，讓自己不敢再前進，覺得自己不配得，覺得自己應該消失在團體裡，不敢再往「光明」前進等等。

三、不管是事業、健康、關係、情感、潛意識的印記等，無論怎麼努力依然無法超越，無法領悟；怎麼做就是跟不上，怎麼做怎麼錯，無法開竅，抓不到問題的核心，看不見未來，又沒有答案。似乎，所有過去的無力、無助，又再次回來，而且甚至比以往還強烈，那力道強烈到自己再也無法招架。

四、眞的進入「性靈科學」（或任何專業）的領域之後，發現要學的東西好多，而且都是自己不懂的，以前也從來沒聽過的。聽著「師父」說一定要自己體驗，但究竟那體驗是什麼？看著身旁的夥伴總有很棒的、很深入的體驗，怎麼自己就是沒有？

所有對自己的「不信任」又再度席捲自己的心，覺得此生做得到嗎？眞的可以嗎？心無法安住，就無法竟心，無法深觀，沒有「定」，每天該做的功課、基礎功也做不下去了！打退堂鼓的心，想放棄的心不斷出現，總覺得「目的」好遠好遠，懷疑自己根本就做不到！

五、好像有了體悟，感覺抓到一點心得，卻跟「師父」[22]比對後，跟資深師資相互切磋後，竟又發現自己還是很淺薄。或才剛覺得自己有些突破，怎麼宇宙立即「同步」的送來「考驗」，果然一考就倒了！讓自己再度陷入挫敗的情境中，無可自拔。

六、看見過往的夥伴、同修、家人、資深學長姊，都在原地打轉，深深看見他們意識的固著與執著，甚至有些已打了退堂鼓了，覺得心中很難過，好像自己什麼忙也幫不上，很著急，又沒有辦法。久而久之，自己會更加挫敗，也不知道該怎麼再繼續前進了。心中的無力與無奈加劇，讓自己做什麼都不起勁了，這時不管什麼樣的「心」好像都消逝得無蹤影，生活變得更索然無味，失去方向！

22 各領域的專家。

七、面對或陪伴陷在自心迷途的夥伴，要承受許多他們的負面聲音、批評、壓力、情緒等，感覺自己無力改變他們，卻不知還能怎麼做？

對團隊的夥伴無法信任，沒有助力，好像不被其他人理解，無法再前進，甚至也搞不定自己，最後只好黯然退場！

黑暗、撞擊、頭腦的種種負面聲音、你的不信任，這些隱藏在更深層的「陰影」、印記；在此階段會再度出現。就像運動員在鍛鍊肌力一樣，也會遇上「疲乏期」，會覺得受傷，會經歷熱情被澆熄。但這「失敗」的象徵，卻是此階段很重要的過程！這個過程會鍛鍊你的決心、定力、精神力和專注力，讓自己的心更柔軟、謙卑，學習更深的接納與悅納，體會「苦痛」的眞正含意，信任「愛」等等。你能否不受旁人、環境、黑暗與撞擊的影響，完全專注於內在呢？專注在「一定要與『女神』相遇」或「人生的目標」上，專注在「不管如何，依然勇往直前！」於是願意靜下心來，想辦法陪伴自己；或放手，讓自己完全進入「陰性」

的能量中，被愛撫觸，讓愛充滿自心，持續依愛而行。

原本你能感受到內在的愛力與光明，但突然有一天，進入了此階段的「撞牆期」，似「鬼打牆」般，愛力消失了，光明不在了，你感覺不到內在神性的能量，你也感覺不到明師的愛、明師的振動，過往曾經體驗到的「愛」，曾體驗過的智慧，都在此階段消逝得無蹤無影。此時你能依靠誰？你能依靠什麼？你怎麼辦？此刻另一個「失敗」的象徵，就是被自己的負面欲望帶往另一個方向。天主教的「七宗罪」[23]，在這裡可以更被詳細理解：**傲慢**、**嫉妒**、**憤怒**、**懶惰**、**貪婪**、**暴食及色欲**。

在英雄前進的道路上，此時就好比有一條反方向的橡皮筋，拉著你，

23 七宗罪，是屬於人類惡行的分類。這些惡行最初由受過希臘神學及哲學的沙漠隱修士埃瓦格里烏斯·龐帝古斯定義出八種損害個人靈性的惡行：貪食、色欲、貪婪、悲嘆、暴怒、懶惰、自面及傲慢。六世紀後期，教宗額我略一世將八種罪行減至七項，將自面併歸入驕傲，悲嘆併歸入懶惰，並加入妒忌。他的排序準則在於對愛的違背程度。其順次序爲：傲慢、嫉妒、憤怒、懶惰、貪婪、暴食及色欲。

要你往相反方向走去。這時你將遭遇到極大的內心掙扎，當自心被七種力量及其所衍生的二十六種「敵人」綑綁，自心會掉入另一「黑暗」的深淵，與其打起精神前進，前往不知終點的目的，前往可怕的「未知」之境，不如跟隨這七種聲音，讓自己「好」過些！

對我來說，這七種力量，也是七位天使，他們是埋藏在你心中深處的天使，趁著你精神力紊亂、耗弱時，出來透透氣。他們是陰影中的延伸物，也是讓你暫時迷路的「浮游物」[24]。當靈魂走進小岔路，自心受到的波及無以復加，在夜深人靜的背後，心更加無力與無奈。明知道自己要前進的方向，卻又被反作用力拉往另一方，此時，覺得被自己打敗，會想要找到「支持」自己想法的力量，於是開始找向「志同道合」，掉

24 無法在生命軌跡產生動能的信念在我們腦中游離就形成浮游物，就像我們接受到一個新的事物，像經驗、信念、資料、架構…等等，明明知道調整或改變會更適合或對生活中有幫助，卻仍堅持維持某種現狀、停留在原地、不願嘗試改變，這些影響我們停留、不改變、維持原狀的就是浮游物。

入類似情境的夥伴，以尋求同理與認同。

無論是心理分析師或醫師的辦公室，療育師或課程中，也經常遇到這樣的夥伴。當這些失衡的經歷再次於夢境或症狀中顯露出來，一層又一層的無知被清楚揭露，隱藏在這症狀的背後是——脆弱。心理醫師、精神科醫師、宗教團體的牧師、上師或心靈課程的師資，就會扮演「啓蒙僧侶」的救贖角色，救贖了他們，赦免了他們的「罪」。倘若這些「啓蒙僧侶」的心中也有陰影尚未整合，就會迅速轉變成「救世主」的角色讓他們可以依靠，讓他們覺得非得有「救世主」的存在，才有辦法拯救他們脆弱的心靈！因爲有「救世主」的出現，他們再也不必正視內心眞正的問題，不必面對內心的挫敗與陰影，不必「長大」，不必再被「推」著前進。

這時眞正想讓他們長大，讓他們看見自心的對立力量，或者問題背後眞正的根源，以及眞正想陪伴他們繼續在英雄旅程前進的「師父」、團體、醫師或師資，就會被他們當成「眾矢之的」，被他們攻擊或他們自己選擇離開。

如同當年提出第四道的大師葛吉夫，及奧修的遭遇一般。

在我看，離開外在的靈修中心容易多了，走入內在甦醒的道路卻是困難的！但是放棄、離開就不用再面對自己嗎？不要犯傻！如同某些人動不動就換工作、離婚一般，你還是得面對自己，功課仍然會來，無常依舊存在，生命繼續甦醒，無論你身在何處，這一切並不會終止。它並不會因爲你離開了外在的性靈團體，生命的太陽從此是白晝的光明而無暗夜的存在，那是不可能的！你感受不到眞正的愛，在哪裡都無法眞正的自在，內心只會有很大的恐懼、很大的批判，或無法信任。你以爲自己已經被救贖了，但往往「課題」又再度來臨時，所有你曾經拋諸腦後的祕密，不想讓其他人知道的軟弱與脆弱，都會在這瞬間再次吞噬你的心。你如何面對當下的發生？當你感覺不到愛，你還能相信愛嗎？當你看不到前方，你還願意信任而前進嗎？當你於內在不斷的批判他人、批判明師，批判一起學習的兄弟姊妹、批判整個世界，你還能夠信任愛嗎？你還能夠信任自心嗎？

「征服頭腦的人，就征服了世界。」古魯那納克上師說道。

其實，走到這個階段，你知道這些看似「負面」的經歷都是過程中的「幻相」嗎？

在《千面英雄》中有一個愛爾蘭國王埃歐凱依得（Eochaid）和五位王子的故事。

有一天這五位王子外出打獵，發現自己迷了路，每個方向都走不通。因爲迷路的關係，他們便一個個出發去找水喝。富格斯（Fergus）打頭陣：「他走到一口井，發現上面站著一個老婆婆在看守。」

這個老婆婆的模樣是這樣的——她身上從頭到腳的每一環節、部分都比煤炭還要黑；硬如鐵絲般的一團灰色頭髮，由頭皮上半部表層穿出，好比野馬的尾巴；她頭上兩把彎到耳朵、小鐮刀似的綠色獠牙，可以砍下一棵長滿果實橡樹的嫩綠樹幹；她的眼睛黝黑，被煙熏得模糊不清；歪鼻子，粗鼻孔；肚皮皺褶而生有斑點，處處都骯髒；彎曲歪斜的小腿，配上粗大的腳踝和一雙大鞋子；她的膝蓋長有癤瘤，指甲瘀青。

事實上，這老婆子的整體形容令人噁心。

「這裡就是這樣，是嗎？」小伙子說，

「是的，就是這樣！」她回答。

「你是在看守這口井嗎？」他問道。她說：「是的。」

「你可以讓我取一些井水嗎？」

「可以，」她同意說：「只要你在我臉頰上親一下。」

「喔，不！」他說。

「那麼我就不能給你水了。」

他繼續說：「在吻你之前我便渴死了！」

年輕人回到他兄弟們等待的地方，告訴他們自己徒勞而返。歐里歐爾（Olioll）、布萊恩（Brian）和菲亞契拉（Fiachra）也去找水，一樣到了同一口井。每位王子都向那老嫗要水，但拒絕吻她。最後是小王子尼歐爾（Niall）前去，他也來到那口井。

「給我水，老女人！」他叫嚷道。

「我會給你水，」她說，「給我一個吻。」他回答說：「別說吻你，擁抱你都可以！」

於是他彎下身去擁抱她，並吻她。擁吻完畢再看她時，全世界再也沒有比她更婀娜多姿的年輕女子，再沒有比她更細膩姣好的容貌：她從頭到腳的每一寸肌膚都好比是那降在溝壑表面的最上一層皚皚白雪；她的手臂豐腴而高貴，玉指長而纖細，修長的玉腿可愛紅潤；在她光滑、柔軟而潔白的雙腳和土地之間，則是一雙白銅色的涼鞋；她身上穿的是一件上選羊毛織的純紅色豪華外套，衣服上鑲有一支銀白色的別針；她有珍珠般的明亮貝齒，高雅氣派的大眼，還有像山梨莓般鮮紅欲滴的雙唇。

「女人，你那銀河般的無限嬌媚，」年輕人說道：「眞是一點也不假。」

「妳是誰呢？」他追問。

「我是『皇家之律』（Royal Rule）。」她回答，並這麼哼道：「塔拉王（King of Tara，譯註：塔拉城位於愛爾蘭都伯林西北）！我是皇家之律……」

「去吧！」她說：「去找你的兄弟們，帶著你的水一起去；還有你的子孫們將永遠享有王國和無上權力……就像你最初看我是醜陋、粗鄙和厭惡，最後變美麗一樣，不歷經戰鬥和猛烈的衝突，是不可能贏得勝利的，這也是皇家之律：不過最後的結果是，他將成爲那散發一切美好氣質的英俊君王。」[25]

你發現了嗎？

那原來醜陋的「老太婆」，就是目前的挑戰、衝撞等種種問題，甚至是陰影的「顯化」；而那「皇家之律」，就是生命的奧祕本身，如果你無法「親吻」那厭惡、醜陋的「問題」或陰影，你就無法「看見」那永恆的「皇家之律」；那「水」，就是解決問題的智慧之象徵，透過你歷經一番猛烈的內心戰鬥與衝突，願意「親吻」、擁抱、愛那問題，於是就得到解決問題的智慧，並看見生命的永恆！

這個階段的最大考驗是：你能超越目前所相信的信念嗎？你能放下、不再掛念你的自我嗎？所有你的信念，或你以爲「對」的價值觀，在此都不靈了，如果你堅持自己所相信的價值觀，那你只能看見醜陋的

---

25 《千面英雄》坎伯／著，朱侃如／譯，立緒出版，p.121、P123。

老太婆，就得不到水，也看不見永恆之律。

印度教非常有名闡揚「無二論」的僧侶商羯羅阿闍梨（Shankaracharya）[26]說了一句超越自我的至理名言：「只要人對這個屍體般的身體還有一絲留戀，他便是不純淨的，除了受到出生、疾病、和死亡之苦外，還要受到敵人侵擾之苦；但當他把自己想成是純淨的，想成是善的本質和那不動的精神，他便自由了……。」

在此階段，會經歷被自己的留戀、概念，一直引以爲傲的價值觀打敗、擊倒。但能否與「毒藥」共存？與問題共存？與挫敗、「敵人」共存？「敵人」是先前提到七宗罪的象徵，也是目前最大障礙的象徵，它有可能是人、事物，甚至是最深的陰影。能否超越二元對立概念、打破

26 商羯羅（約西元788～820的），印度中世紀吠檀多哲學集大成者、不二論理論家。商羯羅認爲最高的梵（即：唯一神——造物主）是世界的本源，梵是一種絕對的、永恒的意識，超越主觀和客觀，超越時空和因果。世間萬物皆依靠梵而產生的，而梵則不依賴其他事物。解脱就是親證梵與我的同一，即「梵我如一」。

框架、勇敢行動，便成爲這個階段的核心淬鍊！

在整合自我的過程，由於必須剝下一張張的面具，所以潛意識會產生防衛機制，會有頭腦的聲音與抗拒，但即使面對改變與對未知的恐懼，你依然前進，並了解爲何要經歷這些功課，眞正爲自己負起百分之百的責任。當你一直不斷經歷療育自心的過程，心開始變得更敏銳，你開始變得更有覺知，自我覺察的能力更高。但是當你要改變時，所有過去潛意識的思維、想法、習慣都會被擠壓出來，會發現自己非常努力，進步卻那麼少！會有「做什麼都沒有用」、「做什麼都不對」、「說什麼都不對」的痛苦，有種小我快崩潰的感覺！

當我們想要改變、提升、覺醒時；當我們下定決心，想踏上內在旅程時；當我們想成爲自己的古魯、成爲自己的「持火把者」時，似乎愈加困難重重！想前進，頭腦就出現很多聲音；要蛻變，身體就不聽使喚；發起更大的菩提心願，事情就變得更難以捉摸，變得更混亂，讓人無法控制。

當我們要邁步前進時，前面的石頭就更大，阻礙就更多，山就更高，黑暗就更深！在這種情況下，你怎麼辦？軟弱到無法前進時，你怎麼辦？黑暗橫亙你的前面，看不到未來，怎麼辦？你的頭腦會有好多好多負面的聲音，你只是發起願力，想成爲「持火把的人」而已，所有的黑暗似乎瞬間都聚集，你會被黑暗呑沒。你覺得自己似乎又掉進坑洞中，一片漆黑，伸手不見五指，什麼都看不到，什麼也感覺不到，黑暗的日子非常漫長，你甚至不知道自己能否撐過這段煎熬。可是，有一天你會恢復，會看見希望，會與更高意識的高我、本我相遇。因爲你已踏上慢慢甦醒與創造的路程了。

生命就是要你經過這個過程，這是絕佳的淬鍊！當你什麼都感覺不到的時候，被自己徹底打敗，被過往的信念困惑，你依然願意堅定的往內！在竟心時，如果你可以選擇堅持，選擇信任，就只是坐著……不要理會頭腦的聲音，不要管是否感覺到心、愛、明師的能量、上帝的加持，也不要管是否能超越等等；更不要在乎上帝是否看見你、聽見你、愛你；你放下這所有的一切，儘管想法很多，撕裂力量很大，不斷拉扯著你，你都不要管，你就是坐著……。

「單純」與「柔軟」便成爲此階段能助你最重要的破關配備！

⑧面對期——「心魔」Vs.「原型」

「面對」不管在神話學或超個人心理學中，都代表著極重要的意義；「面對」亦是超越自我最短的直接路徑！爲了讓大家更明白英雄走到此過程，所要面對的挑戰與生命的轉化，不得不提到榮格的潛意識原型與卡蘿．皮爾森博士（Dr. Carol S. Pearson）所著的《內在英雄：六種生活的原型》（The Hero Within）了。

原型是榮格分析心理學架構中的基本概念，有**四大原型**：

● **自性或本我**（Self）：自性是人心靈的中心，亦是全部心靈的整體。

- **阿尼瑪**（Anima）：阿尼瑪是男人無意識中的女人性格與形象。阿尼瑪可以是負面的也可以是正面的。
- **阿尼姆斯**（Animus）：阿尼姆斯是女人無意識中的男人性格與形象。阿尼姆斯可以是負面的也可以是正面的。
- **陰影**（Shadow）：陰影是人無意識中的與自我（ego）相反的性格與形象。

原型是屬於集體潛意識中較爲核心的部分，是屬於全人類共同的心靈資料庫。它不是個人經過學習而來的，而是經由人類的集體意識心靈，透過祖先一代代傳承下來的。這些原型並沒有一定的形態或樣貌，但它們會透過個人潛意識中所藏的各種印記、情結，逐一具體的顯化出來。

東華大學余德慧教授曾說：「從榮格觀點來說，我們的心理原型都很隱密隱藏在潛意識裡頭，很難被我們察覺。」而榮格又說：「無法被我們覺察的部分就會成爲我們的命運！」

《內在英雄：六種生活的原型》的作者皮爾森，即透過六種不同的原型，來讓我們得以窺見那隱晦的、難以理解的潛意識。皮爾森寫道：「每一個原型都向外面世界投射它自己的學習功課。被某一原型主宰的人，會視其目標爲無可取代的貴重，而此原型最深的恐懼會成爲世界問題的根源。」[27]

又說：「每個原型推動我們通過二元對立，而進入弔詭之中。在每個原型中所排列的乃是基本能量從原初到精微之複雜表現的連續體[28]。」

這六種原型分別爲：天眞者（Innocent）、孤兒（Orphan）、流浪者

27《內在英雄：六種生活的原型》卡蘿．皮爾森／著，朱侃如、徐愼恕、龔卓軍／譯，立緒出版，p.8。

28《內在英雄：六種生活的原型》卡蘿．皮爾森／著，朱侃如、徐愼恕、龔卓軍／譯，立緒出版，p.9。

（Wanderer）、鬥士（Warrior）、殉道者（Martyr）和魔法師（Magician）。

皮爾森強調：「這些是英雄之旅的重要原型，而英雄之旅便是個體化的旅程。這些原型表現在日常生活中，幫助我們界定堅強的自我（ego），然後擴延自我的界限，以便使完滿的本我（Self）顯現，並朝向與他人、自然和精神世界合一的經驗發展。」[29]

而人們內在英雄：六種生活的原型的旅程，並非線性式的發展，而是循環或螺旋式的演化。

皮爾森說：「它由『天眞者』的全然信任開始，慢慢步入『孤兒』對安全感的渴求，『殉道者』的自我犧牲，『流浪者』的探索，『鬥士』的競爭與勝利，最後是『魔法師』的本眞和整全合一。」

這六種都帶有「天生」的恐懼，這些恐懼被壓抑到潛意識中，透過

29（可參考《內在英雄：六種生活的原型》一書原型途徑摘要表／p.27。）

陰影完整的呈現出來。

陰影，榮格認爲人性是矛盾的，舉例：如果表現於外的意識中的性格是東，在潛意識中補償性的性格往往是西。陰影也有正負之分。正面的自我的陰影是負面的。負面的自我的陰影是正面的。

各式各樣未被整合及壓抑的陰影就會「投射」出種種「心魔」。心魔阻礙我們繼續前進，並萌生退轉之意。它讓我們無法信任，甚至將其「投射」到他人身上。榮格曾分享過：「**只要人們願意面對自己內在的心魔，並接納它們是自己的一部分，那麼在全球層面上，它們就不會被投射到現實世界中！**」

神話學中，在面對期的英雄將與「父親」相遇，坎伯稱爲：「向父親贖罪」。這「父親」有著陰影所投射的種種面相。本我透過原型與陰影的展現，企圖使英雄一一的體驗與整合。在一一整合過程中，他／她將親自經驗更「完整」的自己。

在許多古神話中，「父親」是非常可怕的惡魔原型，宗教中形容上帝也有其毀滅性的一面。英雄心中的「父親」原型，此時被心魔即陰影所占據，他／她無法穿透與超越的，就是自己的心魔：「父親」原型，或認爲不配與「父親」見面。心魔的恐怖、殘忍，已經被自己放大了數百倍乃至數千倍，導致自己完全無力面對，充滿著似要被吞噬與占有的危機。

坎伯寫道：「父親的食人魔面相是受難者自我的反映——這個自我衍生自己成過去、卻向前投射的嬰兒期激情景象；而執著於教化性非實質事物的偶像崇拜本身，就是使個人深陷罪惡感的過錯，它使具潛能的成人心靈無法以一種較平衡、更眞實的觀點來看待父親，也因此無法平實的看待世界。贖罪（at-one-ment 譯註：即合爲一體之意）就在揚棄我們自已產生的兩種怪物——被認爲是上帝（超我）的龍怪和被認爲是罪惡（被壓抑的本我）的龍怪。但這需要揚棄對自我本身的執著，那就是困難之所在（英雄的試煉）。個人必須相信父親是慈悲的，然後仰仗此一慈悲。於是，信仰中心便轉移到殘酷之神緊縮而粗糙的指環之外，可怕的食人魔也就隨之消失了。」[30]

另外「……如果那可怕的父親面孔不可信任的話，那麼個人的信仰就必須以別的事物（蜘蛛女、神聖的母親）爲核心；有了可信賴的支持，個人便能忍受危機——最後並會發現，父親和母親是相互映射的，而且基本上是相同的。」[31]

30《內在英雄：六種生活的原型》卡蘿・皮爾森／著，朱侃如、徐愼恕、龔卓軍／譯，立緒出版，p.137。

31《內在英雄：六種生活的原型》卡蘿・皮爾森／著，朱侃如、徐愼恕、龔卓軍／譯，立緒出版，p.137。

英雄之輪的三重迴旋

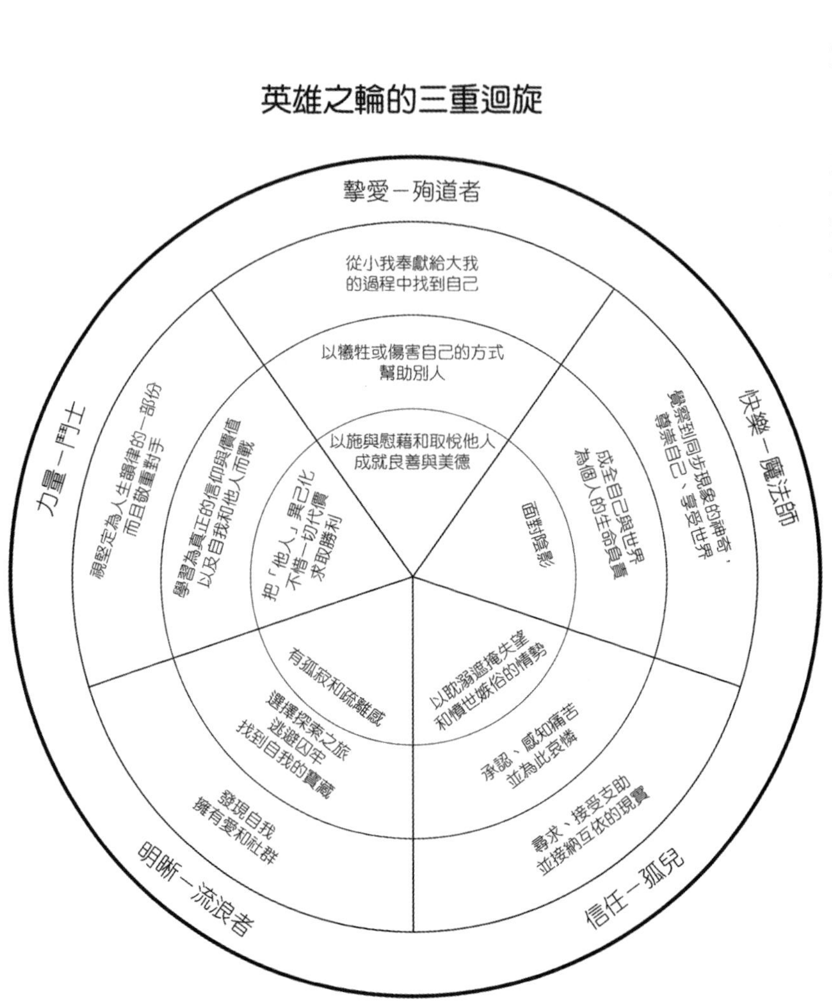

參考資料：《內在英雄：六種生活的原型》卡蘿·皮爾森／著，朱侃如、徐慎恕、龔卓軍／譯，立緒出版，p.21。

當我們被這些無意識與集體無意識的原型及陰影影響，便十分容易放大所有心中的負面情感。

榮格最重要的助理：瑪麗—路薏絲．馮．法藍茲（Marie-Louise von Franz, 1915～1998）在《人及其象徵：榮格思想精華的總結》裡寫道：「當個體企圖瞭解他的陰影時，便會開始察覺到（而且心含愧咎）那些他自己否認、別人卻能清楚瞭解的性格特質和衝動——諸如自私自利、精神懶散、粗心大意；不實際的幻想、陰謀詭計；漫不經心、懦弱；對錢財貪得無厭——一句話，對所有這些微小罪過，他以前會安慰自己說：『沒關係，反正沒人注意到，而且，別人也是這樣。』」[32]

通常人們並不眞的想面對自心的陰影或原型，就只能通過外在的行爲，如上課、念經、拜懺、懺悔、上教堂、求神問卜、找醫生吃藥或種

32《人及其象徵：榮格思想精華的總結》卡爾．榮格／著，龔卓軍／譯，立緒出版，p.200～p.201。

種麻痺自己的方式來逃避它。只要不面對可怕的「心魔」，什麼都可以。然而陰影是本我自性的顯化，試圖使自我在探索本我——自性的過程中，透過面對、整合的經歷來幫助我們進化。現在，這些很平凡的「缺點」或「負面性格」卻成爲你是否能夠發現自我陰影、原型的「重要足跡」！

原型途徑摘要表

	孤兒	殉道者	流浪者	鬥士	魔術師
目標	安全	良善、關愛與責任	獨立自主	力量、效能	本眞、整體與平衡
最大的恐懼	遺棄剝削	自私、空洞	一致	軟弱無能	失衡、膚淺與自他疏離
對龍怪的回應	否認存在等待救援	捨己救人	逃離	斬殺	統合與肯定
靈性	需要神祇的救援及宗教導師的指引	以受苦取悅上帝、幫助他人	只尋找上帝	傳福音、使人皈依、重視精神鍛鍊	欣見每個人對上帝的體驗、尊重不同的信仰方式
知識教育	需要權威給予解答	學習幫助他人	以自己的方式探索新觀念	以競爭、成就和動機來學習	鼓勵好奇以團體或個人方式學習，因學習是快樂的
關係	需有關注他的人	照顧他人、犧牲	單打獨鬥、做自己	改變或塑造他人，以取悅自己；走上自戀一途	尊重差異、渴望同儕關係
情緒	失控或麻木	壓抑負面情緒以便不傷他人	與孤獨奮戰、禁慾主義者	以自制、壓抑來完成拓展	寬容並從自己與他人處學習
身體健康	想快速搞定和追求立即的滿足	爲了美而剝削自己、節食和受苦	不信任專家、獨立自動、另類的健康照顧、喜愛獨自運動	採行制度與紀律、喜愛團隊的運動	追求健康、保持身體的運動、攝取良好的食物
工作	渴望簡單的生活、寧可不工作	把工作視爲艱辛痛苦但必要之事、爲他人工作	「我會單打獨鬥」、追求職業發展	爲目標工作、期待回報	以工作爲生涯、把工作本身視爲是回報
物質世界	感覺貧窮、想中彩券和繼承財產	相信施比受更有福、貧比富更有德	成爲自我成就之人、願爲獨立自主金錢而犧牲	努力工作以求成功、讓制度爲個人服務、寧願富有	無論擁有多少都覺得富足、相信人總能獲得生活所需、從不囤積
任務成就	克服否定、希望與天眞	關愛及施捨的能力	自主、認同與事業	堅定、自信、勇氣與尊敬	享樂、富足、接納與信念

PS.「天眞者」並未包含在這張圖表中，因爲它不是英雄的原型。當我們已不需要目標、恐懼、任務、工作及其他的事務時，「天眞者」可以是前英雄期，也可以是後英雄期。

參考資料：《內在英雄：六種生活的原型》卡蘿· 皮爾森／著，朱侃如、徐慎恕、龔卓軍／譯，立緒出版，p.28。

英雄在此的重大試鍊，便是能否勇敢的走進「父親」的家，面見「父親」，並與「父親」合一。「究竟陰影會成為我們的敵人還是朋友，要看我們自己！」法藍茲說。「只有當陰影被忽視或被誤解時，它才會變得有敵意！」

這是在「與本質眞正的合一」前的最深黑暗了！唯有透過經歷最深黑暗的「淬鍊」、「重生」，我們才有機會眞正的開悟，眞正開展自身神性與佛性的力量！

否則一切都只是「假性開悟」，是不完整的！

看到這裡，你還會覺得心魔、陰影、原型或「父親」很可怕嗎？

事實上，透過它們的協助，顯現在各種「症狀」中，我們才得以看見它們，而面對與整合才是唯一的救贖之道！如同電影《地海傳說》

（Legend of Earthsea）中，男主角所懼怕的「哥白屍」（Gebbeth）[33]一樣，「哥白屍」不停追蹤男主角，一心想殺害他，每一個魔法師都逃不過哥白屍的魔掌。他從開始的懼怕，到後來的領悟：「逃到哪裡都無用，只有眞誠的面對。」從此他開始「面對」並找尋「哥白屍」，不再那樣恐懼與害怕。最後他終於與「哥白屍」相遇並且合一了，原來「哥白屍」就是他內在力量的一部分，全然的面對才能眞正帶來合一，擁抱自己的陰影，兩者瞬間合一了，二元對立變成了「一」，兩股對立的力量激發出更大的力量，反而使得自己更加圓滿完整了。

電影裡的情節是眞實的人生寫照，要回到意識原本「中性」的狀態，二元的對立思維是很大的阻礙；除非你願意面對它，擁抱自己的「哥白屍」，它就不再是個阻力，你也因此變成完整的「一」。你如何擁抱最深

[33] 「哥白屍」代表我們的陰影，是我們不想看見與接納的一面。

層的痛？最深層的批判、恐懼？最深層的「專業」——你依靠什麼維生？你依靠什麼力量活了五十年、四十年、三十年？有人依靠家庭，有人依靠事業。在這浩瀚的天地間，你靠什麼爲生？如果你領悟其中的道理，會回到一個很簡單的狀態，甚至讓注意力回到自己身上，與內在的自己合一，你就是全天下最富有的人，因爲你內在具足了。我們必須先讓自己完整，我們外在的世界才會完整，否則我們外在的世界還是東一塊、西一塊零落不全。

從另一角度言：「哥白屍」其實就是頭腦眞正想要的。（雖然頭腦很想逃離！）我們的頭腦是「魔」（指的二元對立的意識分別心），例如你以「正義的使者」自居，潛意識眞正想要的卻是掌控天下，但因爲這一世扮演正義使者的角色，於是把另外一端「掌控天下」的欲望藏在潛意識底下，就不用面對它了。別人眼中的自己，是正義的化身，專替人打抱不平，爲人兩肋插刀，但別人無法看到你的陰影。

平常，只要有人碰觸到我們的陰影，我們會憤怒，會立刻用一套邏輯防衛自己，認爲自己不是那種人。然而陰與陽是切不開的，你扮演「陽」的角色，就創造了「陰」；你扮演「陰」的角色，就創造了「陽」，這樣怎能合一呢？你必須面對並擁抱自己的哥白屍，先看清楚它的長相；你不敢去看自己的哥白屍，就永遠看不清你的另一端。這一輩子也許你有很多的豐功偉業、你功勳彪炳備受稱頌，但潛意識的另一面永遠拉扯你。當你願意將認爲「對」的觀念鬆開，接納擁抱另一端的時候，我們就變成「一」了！我們就能體悟：即已完整！修行就是這麼簡單，一點都不複雜，是我們自己弄複雜的。

很多看起來合理的事情，其實全都是幌子，世界級的「大師」或「上師」也都有其陰影原型，在表面令人推崇與崇拜之下，是否仍有其他陰影原型存在？這其中無意識的「微細」面，確實值得探究。許多愈光鮮亮麗的「大師」，愈是覺得這根本不重要！因爲自己已是「究竟」！然而，眞正的原因是你不敢去看自己的哥白屍。當年在經歷這個過程時，我探索得極深！我問自己爲何要修行？爲何要傳愛？背後眞正的目的？我想當大師嗎？是我自己一直在吸引徒弟嗎？以證明自己的價值嗎？我必須看到哥白屍，了解在這背後到底眞正要的是什麼？我要大家認同嗎？或者我想要成爲一個「魔」？（亦即毋需放下自己的分別對立意識，而控制人渴望被救贖的心。）到底我的哥白屍是什麼？走這個階段，我把自己切得很深，而且毫不留情。從一九九九年到二〇〇九年，十年的過程，我也經歷很多過錯（在世間人的觀念中，所認爲的「錯」），我跌倒過，但我每次都緊抓著自己去看背後哥白屍的長相，這樣就能更認識自己，更拿回力量，否則我們永遠被自己隱藏在黑暗中的陰影祕密「威脅」，且永遠都只能看見或展現我們分裂的一端而已。

我們要學習擁抱哥白屍，把二元對立變成一，而且於內在中完成，才不致於執著某一種法或某種現象。回到「神聖的核心」——自性、中性的存在，就會眞正的自在，這跟宗教無關，跟法無關。因爲我們的本質原本就在，就是——我們原本就是佛、是基督。

以前也許你不知道哥白屍的存在，現在認識了！剛開始，你會恐懼，只是偷偷看他一眼；慢慢的，可以跟他正眼相對；慢慢的，可以擁抱他；慢慢的，你與哥白屍合一！這就是一個精神修練的軌跡。每個人的進程不同，因此進入的深度不一；有人可能過去世的經驗，所以能馬上擁抱哥白屍；有人可能還會覺得害怕。這一切沒有對錯，也無須比較。想讓自己完整，非得經驗另外一端的自己嗎？不！那會造成生活與身心的混亂，很多人便因此而卻步。爲了不用在現實生活經驗另外一端，我們透過課程，帶領大家用意識去經驗，當你用意識去擁抱、進入哥白屍的時候，你已經跟另一個自己合一了，你已經完整了自己。

事實上，哥白屍也是「父親」的諸多面相之一，當我們「整合」了自己的二元，接著就能以更寬闊的心，「與父親相遇」了！

英雄與「父親」相遇的課題就在於能否「敞開心靈、超越恐懼」！從永恆創世宇宙至今的所有生命情結與矛盾，是「父親」的原初祕密，「有」的無限創化力。倘若我們能敞開心靈、超越恐懼，並勇敢與之合一，我們便能成熟了解這浩瀚、無情似有情的宇宙，所上演的種種人生悲劇，是如何充滿其存在的價值與意義。坎伯說：「**英雄依生命特有的盲點超越生命，並一度提升到窺探源頭的地步。他目睹父親的臉龐，並了然一切——兩人便和諧一致了。**」

面對自心的深層潛意識的陰影，我們因而更接近想發現的眞理與源頭。

似乎，過去中的種種折磨，在與自己合一後，都眞正的「消逝」了。有種更加深層的洞見在這過程中升起，我們更能以嶄新的眼光看待一切，看待陰影、原型或「父親」，此時生命的意義，好像也更加清晰，我們能明白，爲何來到地球體驗這一切，體驗獨特的英雄旅程，沒人可取代這驚人的經歷與發現！皮爾森分享：「沒有一個人可以避開英雄之旅這門功課，即使我們不夠主動勇敢的去找它，它自己也會找上我們。雖然我們傾全力要避開痛苦、磨難和鬥爭，生命本身終究會帶領我們到那片『許諾之地』，我們在那裡才能得到眞正的富裕、關愛和快樂。唯一的出路便是通過它！」

在此時期，我們將更加明白生命，也不再像從前那樣害怕，從此生命似乎有了一種篤定與堅信，從容與自在，如同前面的「哥白屍」故事一樣。坎伯寫道：「對那些眞正了解父親的成熟兒子而言，嚴厲考驗的痛楚是可以忍受的；塵世不再是個悲傷之谷，而是個產生喜悅、神靈不斷湧現的地方。」[34]

一首出自於東歐悲慘猶太貧民窟的溫柔詩歌，可以讓我們更看見當

34 《千面英雄》坎伯／著，朱侃如／譯，立緒出版，p.157。

希望似乎都離我們遠去，當上帝似乎早已將我們遺忘，端看我們如何看待它，及如何找到當中所含藏的眞理。

喔，宇宙的主宰，我將為祢唱首歌。
哪裡可以找到祢，哪裡找不到祢？
我走過的地方——祢就在那裡。
我待下來的地方——祢也在那裡。
祢，祢，只有祢。
事情順利——謝謝祢。
事情不順同樣——謝謝祢。
祢現在是，過去是，將來也是。
祢過去統轄，現在統轄，將來也統轄。祢是天堂，祢是大地。

祢充滿高處，也充滿低處。

不論我轉向那兒，祢，喔祢，都在那兒。[35]

我們的能量場裡記錄所有的情緒、思想、概念以及所相信的每個事件，我們已經被這些沉重的負擔緊緊的綑綁住。當你看到自己的生命模式與形態，找到從根本解決困難的方法後，你願意解開自己的心、療癒自己的心，開始面對內在的陰影、坑洞、自我防衛、清理沉重的印記。你讓光進入黑暗，照亮每一處角落。你走向內在，依著不同階段的發展，覺察生命瓶頸與困境，一次次的剝落自我，讓自己變得透澈、清明。

此生，就是所有過去世的總和！過去生生世世的意識之結是我們自

35 史坦（Leon Stein）所著《哈西典音樂》（Hassidic Music），出自《芝加哥論壇》第二冊第一卷（1943年秋季號），p.158。

己造作的，因果皆由自己促成，必須自己承擔。「課題」，便是超越自我的好機會，也是很好的學習機會，但承擔並非只有懺悔，在《零極限：創造健康、平靜與財富的夏威夷療法》一書中，所教導的：「對不起，請原諒我，謝謝你，我愛你！」是個完整的過程。從內在生起很深的感悟：「謝謝宇宙整體的展現，讓我可以經歷這樣的課題，我願意爲這所有一切負起責任，我愛你，我也愛這所有的一切！」唯有勇敢面對，才可以穿透自己，拿回勇氣、智慧、力量和愛，這是很美的過程！

黑暗並不可怕，可怕的是我們自己的分別概念、恐懼，就像電影《蘇西的世界》，女主角小女孩蘇西，當她死後，一股莫名的力量似乎總是讓她一直看到兇手住的房子，她不敢推開門進去！不敢走進去那至深的黑暗印記！

無明就是沒有光明，生生世世的無明，讓我們無法見到光。但是，你只要勇敢的走進去，把光明帶進去，就「亮」了！後來蘇西鼓起勇氣，推開那一扇門，勇敢的走進去，甚至最後她看見死後被放置的「保險箱」。剛開始，內心的衝擊十分巨大；可是你必須自己走進去，唯有走進去，黑暗就自然無所遁形。

終於，她打開了那囚禁自己靈魂的恐懼「潘朵拉」盒，打開「保險箱」，這才發現裡面什麼也沒有，只有一朵很美的紅色山茶花。當你走進黑暗，將光帶入黑暗，你的生命自然就沒有黑暗了，你習慣「重新合一」的——「愛」，從那時候開始，你會慢慢放下二元對立的概念，理解生命欲帶給你的「珍貴禮物」，並帶著「愛」勇敢前行，超越自己。

當你開始面對自己，你會看到自己用何種角度、戴何種面具活在「七大象限」[36]中。扮演兒女時，有兒女的角色和面具；扮演媽媽時，有媽媽的角色、面具和價值評斷；在職場，則有工作的角色和面具。任何角

36 七大象限是：身體、情感、人際、心智、家庭、事業、性靈。

色都有面具，我們把自己的生命切得七零八落，事實上它無法分開，這些都是我們，不是嗎？當我們看得很深、很透澈的時候，才會看到自己的習慣、花招、手法。頭腦很聰明，會事先保護好很多問題，因爲我們都很敏銳，不想讓自己受傷。當別人要按到我們坑洞的按鈕時，潛意識已經先反應了，馬上套起「專業」的面具，讓人無法跨越這道牆。如果你看到自己已經習慣玩這套遊戲，你必須下定決心拆穿自己的把戲。帶著面具就無法體驗赤裸的美——那單純且不費力的品質。這種美就是「禪」，當你願意走進坑洞、認識自己，你正在品嘗「禪」，正在創造「天堂」！

⑨合一期

當靈魂經歷最深的「挫敗」之試鍊，趴倒在（ORZ），再站起面對心中的「惡魔」（陰影、印記），並與之「合一」，此時的你已經跟過往的自己很不一樣了。

哈希丁薩迪克傳統有句話說：「在人間讓光穿透黑暗，直到黑暗射出亮光，兩者不再有分別爲止，應允光進入自己，然後照亮全世界。[37]」當這光進入黑暗，黑暗已不再是黑暗，光也不再是光。支持一個靈魂能如此勇敢的進入「黑暗」、穿透「黑暗」、戰勝「黑暗」的力量，便是——「愛」！

「愛」所展現的力量，不可思議。「愛」能眞正讓二元變成「一」！讓陰、陽變成「一」！讓世界變成「一」！

「問愛是什麼？」克里希那穆提說道：「你會嚇得不敢知道答案……你必須拆掉自己一手建立起來的房子，你可能永遠再也回不了原來的寺廟！」[38]

「愛」，在東西不同的神話文化中，有不同的文化象徵。在西方，

---

37 《寶瓶同謀》瑪麗琳．弗格森／著，廖世德／譯，方智出版，p.530。

38 《寶瓶同謀》瑪麗琳．弗格森／著，廖世德／譯，方智出版，p.542。

「愛」是聖母瑪利亞的象徵；「愛」是神的象徵，神即是「愛」。在東方，「愛」就是家喻戶曉的觀世音菩薩（Avalokitesvara）所象徵的慈悲力。祂以慈眼看待因陷入「有」之幻象而受苦的所有眾生。當我們到西藏性靈旅遊，見到每一個城市到鄉村的孩童，無一不念誦觀世音菩薩的心言眞咒：「嗡嘛呢叭咪吽」（**Om mani Padme hum**），此意義是：「**蓮花上的摩尼寶珠**」，深意是：在內在深處本性的蓮花綻放，在蓮花深處的如意摩尼寶珠，亦即一切智智的象徵，那不死的「永生靈藥」！

觀世音菩薩的願力與愛力無邊，千處祈求千處現，尋聲救苦的力量，深印在東方人的心中。

在《妙法蓮華經》之《觀世音菩薩普門品》：「若有無量百千萬億眾生，受諸苦惱，聞是觀世音菩薩，一心稱名，觀世音菩薩即時觀其音聲，皆得解脫。」又說：「若有眾生，多於淫欲，常念恭敬觀世音菩薩，便得離欲。若多瞋恚，常念恭敬觀世音菩薩，便得離瞋。若多愚癡，常念恭敬觀世音菩薩，便得離癡。」

《悲華經》敘述阿彌陀佛於過去生中曾爲轉輪王無諍念，他有一千個兒子，長子名不眴，他出家之後，即號「觀世音」；在久遠的將來，阿彌陀佛涅槃後，他將候補成佛，號「普光功德山王如來」。據《悲華經》卷二記載，觀世音本名不眴，是無量劫前轉輪王無諍念的長子，因其在寶藏佛前發願：「願我行菩薩道時，若有眾生遭受種種苦惱恐怖，退失追求正法的信念和力量，墮落到沒有光明的大黑暗處，身心不安憂愁孤獨貧窮困苦，沒有人可去請求保護，沒有依靠也沒有屋舍。如果他能夠憶念我，稱念我的名號，那求救的音聲被我天耳所聞，被我天眼所見，如是一切苦難眾生，若我不能爲其免除如此種種痛苦煩惱，則終不成就阿耨多羅三藐三菩提佛果。」

寶藏佛即爲祂授記：「善男子！汝觀人天及三惡道一切眾生，發大悲心。欲斷眾生諸煩惱故，欲令眾生住安樂故，善男子！我當字汝爲觀世音。」此說菩薩因具大悲心，普令眾生離苦得樂，因此寶藏佛爲其命名觀世音。

不空三藏法師所譯出的密教《大樂金剛不空眞實三昧耶經般若波羅密多理趣釋經》中認爲無量壽佛（Amitayu），又名「得自性清淨法性如來」、「觀自在王如來」，在西方清淨佛土中，祂即現佛身。但在五濁惡世中，祂即以觀自在菩薩的形象出現。

在上述《普門品》中，若將觀世音菩薩以「大慈悲愛力」取代，即成爲：

若有無量百千萬億眾生，受諸苦惱，聞是「大慈悲愛力」，一心稱名，「大慈悲愛力」即時觀其音聲，皆得解脫。又說：「若有眾生，多於淫欲，常念恭敬『大慈悲愛力』，便得離欲。若多瞋恚，常念恭敬『大慈悲愛力』，便得離瞋。若多愚癡，常念恭敬『大慈悲愛力』，便得離癡。」

其實當你眞正進入「大慈悲愛力」的場域，並「成爲」祂時——Being，眞的一切皆得解脫！

因爲上一章即已說明：「大慈悲愛力」是所有生命的「本質」呀！祂是有「思想」的場域，也是眾生皆具佛性的成佛潛力呀！

而觀世音菩薩在《悲華經》中所顯化的一世，爲自己粉碎最後一道羈絆時，祂發誓在進入「無上正等正覺」前，毫無例外的願守護所有眾生的心，引領廣大群生直至成就正覺；自那時起，祂一直以救護、依怙的廣大存在，使其願力（場）的神聖恩典瀰漫整個法界虛空。

正如佛陀及其他明師一樣，這個曾經顯化在人間的偉大存有，亦是超越最後無知、恐懼、黑暗的人類英雄。

坎伯寫道：「當意識的障蔽已被消除，他便免除所有的恐懼，不爲無常所限。」

這是佛陀及所有明師所說：「眾生皆具如來德相。」意即所有生命之內皆存在的解脫潛能，任何人都可藉由成爲英雄而達到這一狀態，體驗到前所未有的「圓滿境界」！

菩薩（覺悟的有情）點燃世界的燈，令世界豐沛、充盈、明覺而圓滿；這樣的生命，世界卻無法掌握他；相反的，是他掌握這個世界。二元無法限制他，八風無法吹動他，痛苦和快樂也無法扯動他。他使二元平息，陰陽歸位，於空性之中創化一切，又不被創化的顯相所縛。他，是我們所有人的生命實相；也是所有人都能成就的存在狀態。

在這「合一期」，因深刻的體驗「愛」，成為「愛」，二元對立的思維，開始於愛中溶解，末那識轉變成平等性智，陰與陽竟在愛中相融為一了。

坎伯在研究神話學時發現，無論是觀音菩薩顯男相及女相，或各國文化中所出現的雌雄同體的象徵，都代表著創世奧祕，一化為二，再成為多，以及將兩者再度重新結合後產生「新生命」的過程。

這也代表了《古埃及死亡書》中所闡述——死亡、重生與創化。

在**面對期**中——死亡，即小我意識的崩解、死亡；

在**合一期**中——重生，二元對立消融成一，新的生命出現——重生；

在**超越期**中——創化，因瞭解二元的深義，無爲而爲，創化一切。

眞愛即無私的愛，也就是無條件的愛，是此時期的「恩賜」力量，如同在聖經中耶穌所說：「我告訴你們，愛你們的仇敵，善待恨你們的人。祝福咒詛你們的人，爲惡劣利用你們的人祈禱。有人打你們這邊的臉，連那邊的臉也讓他打。有人奪你們的外衣，連裡衣也叫他拿去。凡有求於你們的，就給他。有人奪走你們的東西，不用再要回來。你願意別人怎麼待你，你們也要怎樣待人。你若單愛那愛你們的人，有什麼可謝的呢？就是罪人也是這樣做的。你們若是借東西給人，指望他收回，有什麼可謝的呢？就是罪人也借東西給罪人，還要加數收回。不過要愛你們的仇敵，善待他們，而且借東西給人不指望償還。那麼你們的回報就必定很大了，你們也必將是至高者的兒子，因爲他仁慈善待那忘恩和作惡的人。因此你們要慈悲，像你們的父一樣慈悲。」

「你們不要論斷人，就不被論斷。你們不要定人的罪，就不被定罪。你們要饒恕人，就必蒙饒恕。」

「你們要給人，就必有給你們的，並且用十足的升斗，連搖帶按、上尖下流倒在你們懷裡。因爲你們用什麼量器量給人，也必用什麼量器量給你們。」[39]

在合一期，由於眞正進入自己「黑暗」後的重生，因此才能實證無分別的愛，才能跨越種族、宗教、國家、民族、文化，超越自己原本的偏狹成見，而興起眞正無邊際的愛。萬物都是上帝的孩子，異教徒也是，爲何大家不願意超越自己、超越成見，而帶來眞正超越性的和平，使眞正的普世之大愛，瀰漫人間？

39 《聖經》〈路加福音〉6。

坎伯譏諷如果沒有獲得眞正「最高的啓蒙」，那侵略性的傳教崇拜，並無法解決眞正的問題；自我並沒有消失，反而擴大了。若無法眞正按著自性（Self）而行，而任由人性的政治性操弄，引發掠奪、宗教戰爭等，那與遺留下來的經典智慧及曾存在於世間的偉大英雄們所耀射出的光芒相比，不就太可笑、太自欺欺人了嗎？

坎伯以十一世紀的大成就者兼詩人密勒日巴（Jetsun Milarepa, 1052～1135）的兩首藏文頌歌所完成的時間爲例，該文完成的時間大約是在教皇烏爾班二世（Pope Urban II）正鼓吹第一次十字軍東征之際（西元 1096～1099）——

在六道的虛幻化城中，

主要的因素是產生惡行的罪孽與昏昧，

生命因此聽從好惡的使喚，

而永遠沒有時間去認識平等：
避免，喔我兒，好惡。
如果你了悟萬物的空性，
慈悲就會在你內心升起；
如果你不再有自他的種種區別，
你將能處處服務他人；
在服務他人當中你將贏得成功，
然後你將與我相會；
而找到我，你將達到佛的境界。

人心的混亂是來自於自我所設下的邊防「成見」。爲了鞏固自身的「國土」，將所有在他們神明所保護的範圍之外的「外人」，都已經被他們所信仰的「教條」與「上帝」（或稱爲最高的神），判處了「死刑」！

坎伯說出了這世界的根本矛盾：「**宗教狂熱分子不澄清自己的心，反而想要清理這個世界。**」

你看出來了嗎？似乎所有的團體（包括心靈團體）、宗教、國家，只要沒有進入自身的黑暗，清理自己的心，最後，都會將自己所信仰的「眞理」，變爲征服別人的工具，變成「教化」其他「未開化」之人和地區的最佳合理化藉口。這世界因而更加混亂，到處充滿相互較勁，上演權力爭奪，甚至戰爭的荒謬戲碼。

如果眞要幫助自己，幫助他人，乃至全世界，只有走向自心的「合一」之道了。

一旦你認識、了悟「空性」，慈悲就會從你心中升起。當自心的二元分別意識被「空性」消融，被愛、慈悲轉化成「一」，眞正的智慧便會「出生」。這時才有可能眞正的「服務」他人，而無「自他」之感。

所有的眾生心都是「大慈悲愛力」之心，其本質本自清淨、本自圓滿。

英雄在此時將發現一個驚天的偉大祕密：這慈悲的大愛，無分別的大愛，既充盈整個法界虛空，亦存在於所有萬事萬物之內。祂涵養所有無情、有情的存在，更消融了有情與無情的界限，所有的黑暗與光明、一與異、陰與陽，在此浩瀚大愛中，全然展現新的「一」之無限光明。

坎伯在此寫道：「人類恆常的痛苦，在自己細微的精神錯亂之網中，自我折磨、自我欺騙和糾纏，這令人感到挫折，但在他自己的身心內，卻有一個尚未被發掘、絕對未開發的解脫祕密：這他也關懷——他就是這祕密。」

從此刻起，痛苦不再是痛苦，快樂不再只是快樂。內在的受苦者，竟就是那偉大的「存在」；世界的黑暗與瘋狂，竟也是那獨一的「愛」之存在。我們與那萬物的主、那父親是「一」。正如耶穌說：「我與父親是一。」這正是英雄來到此階段所獲得的「救贖洞見」！我們不再被「二元」對立的現象所迷惑。雖然這個無知、自大、矛盾、有限、投射、自我防衛、受種種苦的自我個體，會認爲隨時都還是會遭受無常與各種「敵人」的威脅，但深刻的洞見是：「那人或無常的事物實際上就是上帝。」

原來他（英雄）所找尋的祕密，正是他自己！這就是啓蒙主題的奧義。六祖曾說：「不思善，不思惡。」因自心看著所有的顯相、思想、意識已超越「善」與「惡」的概念。事實上，我們涵融在上主、本性之內，而所有神明、菩薩、佛也都涵融在所有無情、有情之中。既是如此，又怎會害怕「無常」、「地獄」、「魔王」、「輪迴」等概念呢？「煩惱即菩提」、「世間法即出世間法」、「不生不滅」、「不一不異」、「不斷不常」、「不來不去」、「輪迴即涅槃」啊！從此，英雄遠離顛倒夢想，無有恐怖，是名歡喜。

以坎伯的內容對應：「來吧，因此，讓我們歸向主。祂撕裂我們，也必醫治我們。祂打傷我們，也必包紮我們。過兩天祂必使我們甦醒，第三天祂必使我們站立起來，我們就在祂面前生活。我們必將認識主，如果我們竭力追求認識祂的話。祂的出現有如晨光，祂必將像甘霖般降臨到我們身上，像不時滋潤大地的雨水一般。」

坎伯說道：「這是菩薩奇妙之處的第一個意義：雌雄同體同時呈現的特質。兩個對立的神話歷險——與女神相會和向父親贖罪——因此立即合而爲一。……英雄發現（或回想起）自己就是他要尋找的事物。」

多麼美的英雄旅程呀！所有在路程中的「顛沛流離」、恐怖的黑暗淬鍊以及令人不解的精神苦痛，都有了最美最顯著的意義。

日本第一位榮格心理分析師，亦是著名臨床心理學家河合隼雄（Hayao Kawai）先生所著的《佛教與心理治療藝術》也有談到《大方廣佛華嚴經》（卷 34）中菩薩證得「歡喜」的境界：

轉離一切世間境界故生歡喜，

親近一切佛故生歡喜，

遠離凡夫地故生歡喜，
近智慧地故生歡喜，
永斷一切惡趣故生歡喜，
與一切眾生作依止處故生歡喜，
見一切如來故生歡喜，
生佛境界中故生歡喜，
入一切菩薩平等性中故生歡喜，
遠離一切怖畏毛豎等事故生歡喜。

正當全世界都在驚恐敘利亞 ISIS 的恐怖主義滲透，甚至對伊斯蘭教敬而遠之，對敬奉阿拉的《可蘭經》（Qur'an）束之高閣的同時，此時又該如何心生歡喜與之合一呢？

在《同步鍵：超宇宙意識關鍵報告（源場 2）》中的某一段，正巧給了我們另一種看法：伊斯蘭教研究者萊克斯．希克松（Lex Hixon）的

《可蘭經》英譯本《可蘭經之心》（The Heart of the Qur'an）強調：「在一生之中，我們都應該保持謙遜、感恩、誠實、正義、同情和慈愛。《可蘭經》並不看重那些表面的虔誠，而是將這些品性視爲判斷一個人是否臣服於那個合一實相的標準……」[40]

無論外在世界如何混亂都讓我們於內心中「合一」吧，因爲我們早已原本是「一」。

「合一」，於遠古煉金術中，具有重大意義的，「汞、硫合一」、陰陽合一、「神聖婚姻」、「子母光明會」等，都會來到「玄祕體驗」的經驗，榮格則稱之爲：「靈啓經驗」（numinous experience）[41]。

個體化（榮格學說），在此階段，最重要的莫過於「靈啓經驗」了。

40《同步鍵：超宇宙意識關鍵報告（源場2）》大衛·威爾科克／著，黃浩塡／譯，橡實文化，p.389。

41《英雄之旅：個體化原則概論》莫瑞·史丹／著，黃壁惠、魏宏晉等／譯，心靈工坊，p.57。

在體驗這神聖的「靈啓經驗」中，意識得以由自我轉移至更高的存在，甚至「神聖根源」——自性之中。

在另一本介紹「玄祕主義」者（Mysticism）的內在世界《超覺玄祕體驗》中提到：

玄祕主義專家依芙琳・安德希爾（Evelyn Underhill）在其專門探討神祕靈性的成名作《玄祕主義》（Mysticism，玄秘主義又稱神祕主義或密契主義）中指出，「玄祕主義」是被濫用的一個英文字。她認爲的玄祕思想既不模糊也不混亂。她說：「玄祕主義不是一種主張，也不是一種哲學，和追求虛玄怪誕的知識毫無關聯，而是實現上帝之愛的井然有條的完美過程，人類當下達成的不朽成就。或者你也可以說，它是一種和『絕對存在』建立有意識關係的藝術。」[42]

42《超覺玄秘體驗》安德魯・紐柏格，尤金達・基理／著，鄭清榮／譯，時報出版，p.128。

「十四世紀德國玄祕主義者約翰・陶勒（John Tauler）指出，玄祕主義者的心靈『浸淫於偉大神靈的懷抱，意識上對萬物也不再有所區別。所有事物皆和溫柔的神靈合而爲一，人們完全融入並陶醉在神靈的懷抱，就像一滴水溶進一桶濃醇烈酒之中。』」[43]

另一段記錄：中世紀住在伊拉克的蘇菲神祕教派教長曼殊（Hallaj Husain ibn Mansur），描述他和眞主親密結合的情景。

我即是祂，我最敬愛的；我所愛的祂，祂即是我。

我們是兩個靈魂融合在一個肉體。

若你看見我，你即見到祂；

若你看見祂，你也會見到我和祂融合在一起。[44]

43 《超覺玄秘體驗》安德魯・紐柏格，尤金達・基理／著，鄭清榮／譯，時報出版，p.129。

44 《超覺玄秘體驗》安德魯・紐柏格，尤金達・基理／著，鄭清榮／譯，時報出版，p.130。

此外，中世紀的天主教聖徒艾克哈特（Meister Eckhart），也以德國人特有的冷靜口吻，寫出他的玄祕體驗：

「然則，我要如何去愛這個神靈？你不該以神靈示現的樣子來愛祂，祂不是一個神，祂不是一個靈，祂不是一個人，也不是一個形象，而是一個眞正的、全然的存在體。進入這個存在體，我們不再沉淪，所以，我們請求祂來協助。」[45]

美國印第安沃格拉拉族（Oglala）的玄祕主義者暨巫醫布雷克．伊克（Black Elk）則直率指出：

「當他們體會天人合一時，寧靜籠罩人們的心靈深處。」[46]

45 《超覺玄秘體驗》安德魯．紐柏格，尤金達．基理／著，鄭清榮／譯，時報出版，p.130。

46 《超覺玄秘體驗》安德魯．紐柏格，尤金達．基理／著，鄭清榮／譯，時報出版，p.131。

寧靜，似乎是在「合一」時期的共同體驗。十四年前，我帶著第一批學生進入南投國姓僻靜閉關一個月，那時的訓練便是直接契入最困難的「空性」境界，每個人都痛苦連連。一下子要超越自己許多心理階段及印記，突然進入「空性」，明覺「空性」，眞有點困難，對我們雙方都具極大的挑戰。所幸，開了一道性靈之窗，在多年後的今天，正印證著這「極喜」的甜蜜滋味。

至此，進入「不可說」的寧靜嶄新世界。當我在多年前眞正進入這「不可說」的寧靜境界，發覺似乎「寂靜」更能詮釋此狀態，而寂靜又可再分爲更深入的四大層次：**寧靜——極寂靜——大寂靜——終極寂靜**。這在《新覺醒時代》一書中，已有做第一步的探討。而人的意識開始進入寂靜之境，妙不可言。老子《道德經》中的兩段描述：

道沖，而用之或不盈；淵兮似萬物之宗。挫其銳，解其紛，和其光，同其塵。

湛兮似或存，吾不知誰知子，象帝之先。（第四章）

至虛極，守靜篤，萬物並作，吾以觀復。

夫物芸芸，各復歸其根。

歸根曰靜，是謂復命；復命曰常，知常曰明。（第十六章）

在寂靜之中，萬物復歸其根，歸根是謂復命，生命從此「出生」，這才是眞正的「常道」呀！當明瞭此「常道」，才擁有眞正的「明覺」，也才是眞智慧啊！

在《超覺玄祕體驗》一書中談到：「事實上，所有玄祕主義者都將『與絕對的存在合而爲一』，當做心靈追求的終極目標。同樣的，所有玄祕主義團體也發展出一套訓練和啓蒙的方法，教導虔誠的信徒達到這種稀有的精神境界。禪宗利用參話頭讓意識思維不再緊繃，並開啓通往心靈之路。猶太教的神祕教派運用複雜的心靈技巧對數字和影像加以操控，亦可達到相同目的。基督教則運用高度的默想祈禱、禁食、靜默和各種苦行。使心靈脫離凡塵雜務，集中精神與天主溝通。以上這些達到天人合一的方法，在各門各派均有不同之處，但他們都有一個共同的特點：達到神祕合一的境界之前，先要息止心念，讓心靈不再受到各種激情和妄想的牽絆。」

西方玄祕主義教派，猶太玄祕主義者伊利薩爾（Eleazar）教長曾說：「當你祈禱之際，要將自己視爲空無一物，渾然忘我。只要記得你是爲著神靈現身在祈禱。如此，你就能進入思維的宇宙，那是一種超越時間的意識狀態。在那種狀態下，每種東西都是一樣的，生命、死亡、土、海洋等等都是。不過，爲了達到這個境界，你必須屏棄自我，忘掉所有煩惱。」[47]

事實上，從古至今，「自我超越」一直是所有玄祕主義者最想達到

47《超覺玄秘體驗》安德魯．紐柏格，尤金達．基理／著，鄭清榮／譯，時報出版，p.132。

的目標。

西方五世紀希臘正教神祕教派亦認爲：「只有心靈純淨、一心無念的人才能見到上帝，並稱這種情形爲『內在的寧靜』。有了『內在的寧靜』，才能通往神靈合一境界的大門。」[48]

宗教學者凱倫．阿姆斯壯（Karen Armstrong）在著作《神的歷史：猶太教．基督教．伊斯蘭教的歷史》中指出，希臘正教玄祕主義者的目的是：「想從塵勞雜事中獲得解脫，根除我執。這種情形近似佛教徒靜坐所達到的效果。修持內在寧靜的玄祕主義者，藉由將內心的驕傲、貪婪、悲傷和憤怒徹底消除之後，超越自我，就像耶穌在泰伯爾山（Mt.Tabor）遭遇的考驗一樣，讓神靈的『力量』爲其脫胎換骨。」[49]

48 《超覺玄秘體驗》安德魯．紐柏格，尤金達．基理／著，鄭清榮／譯，時報出版，p.133。

49 《神的歷史：猶太教．基督教．伊斯蘭教的歷史》凱倫．阿姆斯壯／著，蔡昌雄／翻譯，立緒出版，p.133。

她在書中〈神祕家的「神」〉一章指出：「酒醉」的蘇菲神祕家畢斯塔米（Abu Yazid Bistami，874歿），當他接近自己的身分核心時，他覺得沒有任何事物站在神和他之間；事實上，他理解爲關於「自我」的任何事物都融化消失了：

> 我以眞理之眼凝視阿拉，並對祂說：「這是誰？」祂說：「這既不是我，也非我以外的事物。只有我是神。」然後祂把我的身分認同轉化進祂的自性（Selfhood）中……於是我以祂臉面的聲調和祂交談說：「我和你近來如何？」祂說：「我就是你；你就是神。」[50]

在神祕主義者心中，神並非「客觀存在」，甚至與人類非常疏離的外在神祇。事實上，「神」被認爲是與最深處的自我神祕連結一致的。

而處在奇妙的神祕經驗中，人和神之間的距離與空隙完全消失，只

50 《神的歷史：猶太教．基督教．伊斯蘭教的歷史》凱倫．阿姆斯壯／著，蔡昌雄／翻譯，立緒出版，p.377。

等你大膽進入品嘗與體驗了！

阿姆斯壯說：「處在那種天人合一的狀態下，沒有分離感，也沒有悲傷。那種感覺是和最深邃的自我結合在一起。神不是一個分離的、外在的存在，或最高的裁判者，而是在每一個人的內心深處。」[51]

二十世紀美國心理學大師威廉．詹姆斯（William James）在《宗教經驗之種種》（The Varieties of Religious Experience）中以加拿大精神科醫生巴克（R.M.Bucke）博士的經驗指出，「宇宙意識」（Cosmic consciousness）與自我意識的功能之不同：「宇宙意識的首要特徵是一種對於宇宙的意識，也就是對於宇宙生活與秩序的意識。伴隨宇宙意識而來的，是一種理智的啓蒙，單單這點就可以使人進到一個存在的新領域，煥然一新。在這之上還加了道德昇揚的狀態，一種不可言喻的崇高、

51《超覺玄秘體驗》安德魯．紐柏格，尤金達．基理／著，鄭清榮／譯，時報出版，p.134。

振奮、歡悅之感，以及道德感的敏銳；這種道德感和理智能力的增進一樣顯著，而且比它重要。伴隨著這些而來的，還有一個或許可以稱爲不朽的感受，一種永生的意識；並不是相信自己在未來可以得到的永生，而是覺得自己已在永生之中了。」[52]

詹姆斯引用保羅的話來說：「我生活，但不是我活，而是基督在我內生活。只有當我變成空無，神才能進入我內，祂的生活與我的生活才沒有任何差異。」[53]詹姆斯認爲玄祕主義者最偉大的奧祕成就，即是克服了個人與絕對存在間的所有障礙！

他還指出：「在玄祕狀態之下，人們和絕對存在合而爲一，感知和絕對存在合爲一體。關於這一點，不管任何地區、任何文化或宗教的玄祕主義者都維持一致的看法。從印度教、新柏拉圖派哲學、蘇菲教派或

52《宗教經驗之種種》威廉．詹姆斯／著，蔡怡佳、劉宏信／譯，立緒出版，p.473。
53《宗教經驗之種種》威廉．詹姆斯／著，蔡怡佳、劉宏信／譯，立緒出版，p.496。

基督教的神祕主義等教派的說法，我們都發現一再重複出現的論調。所以，玄祕主義有著永恆的一體性，讓我們駐足思索，而且自古以來玄祕主義的傳統即普遍存在於世界各地，並不是一時一地的專利品，這些一直述說著人類和神靈合而爲一，而且早在語言出現之前就有了。可謂亙古如新，淵源綿長。」[54]

另外詹姆斯也舉了在印度喜瑪拉雅山流傳已久的至高成爲神的法脈中提到：

要聽到那達（Nada）的聲音，那「無聲之聲」，並領會它，就必須知道執持攝念（Dharana）的本質……當他對自己的形象感到虛妄，就像醒來時對夢中所見一切形象的感受一樣；當他不再聽見那眾多聲音，他可以明辨那個「一」——那個消抹外在聲音的內在之聲……因爲在那

54《超覺玄秘體驗》安德魯．紐柏格，尤金達．基理／著，鄭清榮／譯，時報出版，p.135。

時，靈魂會聽見，也會記得。而且在當時，靜默之聲（THE VOICE OF SILENCE）會對著內心之耳說話……此刻你的自我（self）消失在那個本我（SELF）中，你（thyself）消逝於那個你（THYSELF）之中，你沒入那個使你初次放射光芒的自我之中……

看哪！你已經成爲那個光，你已經變成那個聲音，你就是上主，你就是神。你就是自己尋求的那個目標；萬古迴響的不斷之聲，從變化中解脫，從罪愆中解脫，七音合爲一，寂靜之聲。嗡答薩（Om tat Sat）。

這流傳千古的法脈，即「基督之光」，亦是我們在「傳心課程」中所傳授的方法；更是觀世音菩薩在《楞嚴經》中〈觀世音菩薩耳根圓通章〉而入開悟之境的法門。

原文：「爾時觀世音菩薩，即從座起，頂禮佛足，而白佛言：世尊憶念我昔，無數恒河沙劫，於時有佛，出現於世，名觀世音。我於彼佛，發菩提心，彼佛教我，從聞思修，入三摩地。初於聞中，入流亡所，所入既寂，動靜二相，了然不生。」

意即觀音菩薩向觀音佛請益，觀音佛教以聞聲、思維、修證等三個階段去修持，能證實入如來的正定三昧。最初在耳根聞聲的境界中，就進入於能聞的自性之流，那是沒有所聞的聲音之相。這種「入流亡所」的境界經中後文即解釋：

「所入既寂，動靜二相，了然不生。如是漸增，聞所聞盡；盡聞不住，覺所覺空；空覺極圓，空所空滅；生滅既滅，寂滅現前。」

於此得以超越世間與出世間的境界，獲得兩種特殊妙勝的功能，一者上合十方諸佛的本妙覺心，二者下合十方一切六道眾生，同一悲仰。

看至此，你眞的會發現，「合一」這神祕經驗，超乎宗教、種族與任何界限。這亦是馬斯洛（Maslow）於一九六九年所補充的：在自我實現之上，有一個更高需求，此乃最高的形上需求——即「超個人」（超越自我）的最深需求！

他說：「它是以宇宙爲中心，而不只是注意人性需求或興趣而已，它超越人性、自我及自我實現等觀念。缺乏超越的或超個人的層面，我們會生病、會變得殘暴；容易傷害他人及自己、空虛、無望（沒有希望）或冷漠。我們需要『比我們更大的』東西，激發出敬畏之情，來奉獻自己的生命！」

又說：「當你打開了（個人）價值及高峰經驗或超越性經驗（超越自我）那一扇門，你人生的嶄新、所有可能性，就會出現在眼前！」

這是我們每個人，生而爲人的根本權利！也是隱藏在我們靈魂深處的「神性勢能」，這巨大潛能的開启之鑰，正在你我手中，靜待開启這奧祕的大門，其餘人間所有一切將會隨之開启！

在三次元裡，我們都活在潛意識的坑洞中，它是一個集體意識。一九九〇年代，人類的集體意識開始超過能量級別二〇〇時，爲何有見識之人如此歡欣鼓舞？因爲超過二〇〇代表勇氣，代表我們能夠更眞誠的

「面對」自己，我們將更能開啓神性勢能的力量，迎接未知的未來！只有當你願意走進黑暗，走進坑洞，允許光進入你自己，直到你的坑洞射出亮光，光與你的坑洞兩者不再有分別，此時你可以照見全世界。「與其詛咒黑暗不如點亮蠟燭」，蠟燭代表著光明，你必須勇敢，帶著你的覺知，帶著愛，帶著光走進你自己的坑洞，因爲只有你自己，才有辦法救你自己。而這個世界就是這麼奇妙，因爲當你在救你自己的同時，其實你也正照亮人類的集體潛意識，你也正在救（改變）這個世界。

靈性提昇的時刻，一定會「混亂」，但「混亂」卻是對大腦的一種良性刺激。一個人的智慧跟神經突觸有關，跟直覺、觀照的全面性有關。人的慣性養成是因爲大腦細胞神經突觸的連結點已形成一個固定的網絡，此網絡又形成你的人格、思想、行爲，如果沒有一種很大的刺激，神經突觸不會接到其他頻道。大腦是需要刺激的，但我們不敢追求刺激，進入社會後，「頑皮」的天性受到壓抑，當你展現天眞的本性時，會引起別人側目，用許多觀念想法批評我們。大腦是需要刺激的，混亂是一種刺激，恐懼是一種刺激，跳舞也是一種刺激，所有的情緒、空白都是一種刺激。神經突觸經過刺激後，會改變與大腦的連結網絡，固有的模式因此就被打破了，人格特質也會因此轉變，這就是改變！這個改變讓你邁向更圓熟的狀態，你會成為嶄新的自己，然後開展獨特的性靈特質，成為那個領域的天才。

這就是為何我們發展了獨特又專業的「性靈科學」，有次第、漸進式的讓每個人進入神的殿堂。「合一」是我們能經驗的美妙神性體驗，也是我們談「超越自我」的主軸核心價值。

「超越自我」讓我們擁有更圓滿的人生、更健全的人際關係，擴展人的愛心與慈悲的感通力量，超越種族、國家、文化，延伸至全球與宇宙；它的責任幫助人類更有意識感及責任感參與宇宙及全人類的化育！

但一定要記得喔！

這是一個心的新開端，但不是終點，見到許多人竟以爲已拿到「永生靈藥」，已經「到了」，就無須再向前邁進了，實屬可惜。

之後的英雄旅程還有更加不可思議的境界在等你，等你一一發掘，一一驚豔！

3. 回歸

⑩超越期

在合一期最末，意識欲回歸至「神聖根源」前，有最後一關必須超越。

有神祕家形容：這是最深的「靈魂暗夜」！彷彿黎明前的最深黑暗！英雄在之前許多情況，可能已經讓我們感覺「生不如死」，但通過之後，又「柳暗花明」。而這裡，卻是黑暗中的黑暗，最後的「魔王」原型；

最微細的「無明」，又夾雜著最榮耀的「光明」！

聖達瑪的意識光譜顯示出，此英雄行者來到至關重要的「二界頂」[55]，要邁向奧祕的「第三界」。「二界」就是我們目前所顯化的整體「法界」，是「因果的世界」，生生世世的「課題」，在此全部「修畢」、「完成」。

當靈魂個體，要下到三次元地球來進行「英雄旅程」前，都會事先選擇好、設計好「課題」，欲在地球生命學院修習的「學分」數。此時，有些「課題」或許我們在前世尚未「完成」，就會在此世「合併」修習。高級的指導靈們，會協助爲了「完成」此次的「課題」，而選擇在無意識中我們曾經「使用」過的意識「原型」，有正有負，讓英雄們在這次的路途中，一邊「面對」前方的挑戰，一邊「面對」內心的「對立衝突」。

55 二界是欲界色界，一般修行的認知裡面，以爲修行的最高境界。

這亦是在法界中的「業力法則」。業力法則的「創造驅力」，將意識原型的力量發揮得淋漓盡致，而這「驅力」，都是我們在此二界內、法界中，修習學分、以及經歷各種挑戰時，在「原型」影響下曾經思維、行動而產生的情感、思想種子等張力的「記錄」。

現在，我們要完成這法界內的「學分」了，所有應該面對的陰影原型，在這最末時刻，將一次「傾巢而出」，也可將其視爲：意識最終的「期末考」。

最爲典型的即是：佛陀在菩提樹下，面對最大「敵人」：迦摩——摩羅。

這個字的字面意思是：欲望——破壞、或愛與死，也是最大的幻相——Maya 之意。

這重重火焰和最後最爲艱難測試的「主考官」，也是每個靈魂深處最大的「陰影原型」，是每個普世英雄通往涅槃的崇高歷險中，所欲通過的最後守護神。

坎伯寫道：「在將自己身內的三重火焰（意指貪瞋癡）——宇宙的推進力量減弱到最後餘燼的關鍵點時，這位世界的拯救者（指佛陀），有如置身在一片環繞四周的鏡子中，親見自己生理上和他人一樣的原始求生意志——在現象因果、手段的幻象環境中，依據常人欲念與破壞動機而有的求生意志——的映現。這是修道成敗所繫的關鍵時刻，因爲一塊留有餘燼的煤炭都可再度引發大火。」[56]

這位迦摩——摩羅，正是我們自心中最大的陰影原型，由於也是「另一個自己」，故他十分巧妙、也十分清晰知道「自己最大的弱點」。累世的原型印記、習性，任一面相的意識「餘燼」，都將在此刻再次點燃內心的法界大火。英雄之心的清澈明晰程度在此刻即將遇上最嚴厲與嚴格

56 《千面英雄》坎伯／著，朱侃如／譯，立緒出版，p.172~p.173。

的試煉，如果還認爲自心欲望的意識餘燼是「眞」，那這一切將比「眞」還要「逼眞」！如果得知一切黑暗、陰影、印記的意識餘燼皆是「愛的顯化」，是莊嚴「終極自性」的外衣；這時處境便會「完全不同」！此刻英雄或一起與「摩羅」之火焚燒殆盡，墜入至深的無意識黑暗幻相之中；抑或一同「點石成金」，經歷最終的幻相火焰，顯化最後的大寂靜光輝的勝利之幢。

坎伯寫道：「正如在女食人魔的故事中，對精神發展層次尚不合格的人而言，個人對個體化喪失的恐懼，會成爲他超越經驗的全面負擔。但是英雄之靈的勇敢深入，使老巫婆變成女神，使龍怪變成神明的看門犬。」[57]

佛陀，在此時，清澈的心面對自心所顯化的可怖迦摩，優雅的「觸

57 《千面英雄》坎伯／著，朱侃如／譯，立緒出版，p.230。

地大印」，將自心如磐石般穩定在「神聖根源」——自性的清淨境界中——如如不動，不顧這幻相如何「千變萬化」，均是鑽石般的自性本質所展現的耀眼光芒，不論這最終幻相多恐怖、多誘人，其背後的本質都是自性清淨的展現啊……

究竟的自性智慧之光，自顯化其無量無邊的意識原型大戲，是我也是他，佛即是迦摩，迦摩即是佛；幻相即是清淨，清淨亦即是幻相；自性之光，顯化萬千，萬千又即是自性，自性即是所有眾生，眾生也即是自性的「清淨展現」；業力如同幻相，自性生出業力轉輪，轉動整體法界生命大戲，無論業力如何巧變，如何「邪惡」、如何「恐怖」、如何「難過與懊惱」，業力所呈現的種種面相，也是自性之光的「原始呈現」，業力即自性、業力即解脫；從此「煩惱即菩提」，無二無別，甚至連「無二無別」的概念亦無；法界「自顯自解脫」，無明「自顯自解脫」，一切「自顯自解脫」，無無明亦無無明盡，乃至無老死亦無老死盡……。

「觸地大印」，變成一切皆本自清淨、連迦摩亦本自清淨的「降魔大印」；此究竟清淨印，並非降伏顯化於外在的「魔」，而是深刻明白這一切都是由自性顯現的「心魔」——故一切「本自清淨」，從此進入眞正的「合一」大境，明晰的無分別之智光呈現於法界浩瀚的虛空，此意識鑽石之光，劃破自心累世最爲微細的幻相心魔。

至此，明白眞正究竟之理，但也沒有「究竟」之感，明白一切，也沒有「明白」的概念，這無始劫來的一切，彷彿都在等待這一刻的「明智」，這就是無所述說的「涅槃之境」。原來，「彼岸」，無所不在，「彼岸」早已存在於每個生命、每個分子、每個當下、於法界之中，就連「法界」、「眾生界」本身也是「彼岸」。

到達這裡，也就是聖達瑪意識光譜中的——第三界（究竟眞理的世界）。

以上，便是自己在一九九九年進入的「靈啓經驗」，這無可訴說的

「明智之境」，原本就存在於所有生命心中的「內自證境界」，怎麼說都不是，怎麼說都「錯」，因爲：道可道，非常道；只能引領大家自行「進入」、自行親自「體驗」了。

就此，引發了英雄另一個挑戰：

既然，這一切「本自清淨」、「本無生滅」、「本自圓成」、「自顯自解脫」，那法界之中，包含法界本身「早已清淨」。原來，眾生的「無明」，早已清淨，「無明」是爲了現在的「明」而存在，其本質本就清淨，那何須再「做」些什麼？

還有需要「做」的事嗎？

當佛陀，本來已決定就由此進入「涅槃」吧，眾生即佛，本自解脫。後來，因特殊因緣，佛陀再次走向人間，展現智慧之光，與眾生同行。

坎伯寫道：「當英雄的探索在穿透源頭，或由於某位男女角色——人類或動物——的恩典而完成後，歷險者仍然必須帶著轉變生命的價值歸返社會。要使過程圓滿——一元神話的常軌——英雄現在必須要將智慧的咒語、金羊毛或睡美人帶回人類的國度，此一恩賜將可對社區、國家、地球或宇宙大千世界的更新有所貢獻。」[58]

英雄在此，必須將生命的「永生靈藥」，轉變後的生命價值，回歸世界，與眾人分享。然而因爲這「永生靈藥」，這「究竟涅槃」的境界，畢竟太誘人；況且，世界也「本自清淨」呀！於是有些英雄即將遇上「拒絕回歸」的挑戰。

「英雄，也許必須藉外來的助力，才能從超自然的歷險中歸返。」坎伯說。[59]

其實，從另一角度而言，坎伯寫道：「塵世必須把他找回來。因爲心靈深處的喜悅是不會因爲清醒狀態的紛亂自我而輕言放棄的。已經棄

58《千面英雄》坎伯／著，朱侃如／譯，立緒出版，p.206。
59《千面英雄》坎伯／著，朱侃如／譯，立緒出版，p.220。

世的人，有誰願意回來呢？他只會在『彼岸』。然而，只要人還活著，生命就會召喚。社會嫉妒那些和它保持距離的人，並且會來敲門。」[60]

這時，英雄自心中「愛」的誓言，將他喚醒——菩薩出現了。

菩薩——覺悟的有情，深刻的發覺：如同觀世音菩薩之大悲力，當他在最後一世以凡人之身，走向英雄旅程，即將爲自己粉碎最後一道佛成前最細微幻相門檻的羈絆時，突然見到許許多多的群生，如同自己身上的細胞與光子，他們身上或許穿著無明的外衣，其內在本質卻同樣含藏究竟清淨的自性之光。他停頓了，進入無量無盡的大慈悲愛力海洋中，重啓誓言：他發誓在進入諸佛之境——阿耨多羅三藐三菩提前，要「毫無例外」地引領所有眾生成就正覺。

此即「大愛」、即「聖愛」、即「無法訴說的浩瀚之愛」。佛心即大

60《千面英雄》坎伯／著，朱侃如／譯，立緒出版，p.220。

悲心。這才是眞正諸佛之心，顯示無爲、無智亦無得的大平等法性智，讓眾生自行發覺自性「自顯自解脫」的奧祕之境。

菩薩並不背棄生命，菩薩的通達智慧，由內在超越一切之眞理領域，再度轉向外在的現象世界，「不一不異」，外在世界與內在眞理之境，無二無別。此時，內在外在同時體驗到一種深層的——大寂靜的平穩寧靜，他起身「回歸眾生」，走向世界，於內在完全解脫之境，呈現外在無我的核心價值與世界同在，與眾生同住。由於他的慈悲之光，眞理爲之顯現，這個世界就是涅槃。此一珍貴的明師聖者散發出陣陣如「波浪」般的大慈悲愛力，帶給世界「覺醒」的贈禮，使大家都可親自得到現世解脫。很眞實的教導：這個世界的俗世生活本身就是「神聖中心」——自性的「大樂遊戲」，所見、所聽、所聞、所嚐、所觸等無一不是涅槃，這兩者如實呈現毫無差別。

坎伯認爲，當代使人恢復正常生活的治療目標，畢竟還是得通過古

老的宗教鍛鍊才能達成；唯一的差別是，菩薩所經歷的領域比較寬廣罷了；離開俗世並不認爲是錯誤的，而是踏入那崇高道路的第一步，它的究竟處，乃是對全宇宙至深空境的覺悟。

這些菩薩的深邃智慧，非常人所能及，坎伯說：「他們明瞭自己內在永續生命，以及自己和萬物皆是永恆眞實的人，居住在心想事成的樹叢中，飲著不朽的酒釀，同時四處傾聽前所未聞的永恆和諧之音。」61

但丁的《神曲》，也透露出此超越期的奧祕——當但丁邁出他精神歷險的最後一步——

坎伯寫道：「來到『天國玫瑰園』三位一體上帝的終極象徵心象前時，他仍然還有最後一項啓明等待經驗，這甚至超越天父、子和聖靈的形相。……」

61 《千面英雄》坎伯／著，朱侃如／譯，立緒出版，p.175～p.176。

但丁寫道：「微笑著跟我打個手勢，要我往上看；但是我已經自動如他所願的這麼做了；因爲我的眼光，通過那本身即是眞實的崇高光芒，變得純淨，而且進入更多的領域中。於是，我的視野比人們的言說更廣大，與此一偉大的遠見相較，言說與記憶皆俯首稱臣了。」

「那裡眼不到，語不及，意不達，我們不知道它，也不知道如何教別人知道它？它與我們所知的一切不同，而且也超越不知。」

「這是最高與終極的犧牲，不只英雄的，也包括他的神。」[62] 坎伯說。

在那超越一切之境中，所有關於父與子的二元概念與原型都在此「消融」了。法界內所有多層次宇宙世界裡的所有形相、所有一切，不論高或低，俗世或神聖，所有的顯現似乎都反應那永恆與不可測度的奧

62 《千面英雄》坎伯／著，朱侃如／譯，立緒出版，p.200～p.201。

祕力量，一切從此「恢復」它原有的神聖光芒，這一切即是「神」，而「神」即是「愛」，「愛」更是這一切物質形相的本質。

這「超越」的「神聖核心」，生命的泉源，既在內也在外；既不在內也不在外，超乎所有的思維概念，此「奧祕」就是個人的神聖核心——自性。圍繞著這神聖核心，外顯一切；而凡所能外顯的一切，也都是這「神聖的核心」的展現，無有分別。

可蘭經的箴言告訴我們：不論你轉向何處，阿拉無所不在！從此，帶著這深邃的「洞見」，重回世界，這二就是一，就是究竟，也是涅槃。

從極深層意識裡的，一種甦醒、一種覺醒，也就是從原本非常深沉熟睡的狀態中，被喚醒了……一種明白、一種醒來。「沉睡的過程」就是無明、未知的狀態。當你從一種無法用外在感官知曉的、很深的源頭甦醒過來，會帶有一種很深的的洞察力及體悟，帶來對生命全新的發現、全新的知；然而，卻又「只是靜靜的看著」一切。

你來到神的居所，也就是在眉心輪。來到這個狀態的時候，你開始有愈來愈多的深觀跟全觀的見解，那是眞正的智慧，完全不同於心智狀態的思維。你會知道現在經過的都是幻相，你頭腦所要的也都是幻相，你把幻相當眞了；但此時，你清醒了，超越自己最後的欲望，戰勝自己最終的恐懼，讓自己更全然，更自在。生命自在無礙，開發個人潛能與創造力，展現獨具魅力的靈魂特質。

對世間所有一切，已經脫離二元對立的看法，因此不再執取。小我死去，意謂著放下頭腦的概念，從前三層體的狀態來到更高的意識次元，開啓更大的直覺，能收到來自源頭的更深層意識訊息，生命會有更深的洞見與洞察，無論外在事物如何的遷變流化，無常的恆常出現，但是內在卻始終沒有變動過，總是中性、寧靜、澄澈看著這一切，明白所有一切都是自性的創化——更是清淨，因此不會受到任何概念所束縛，那是值得慶祝生命的日子！

合一期是從「自覺」昇華至「覺他」；從「自利」昇華至「利他」，是「人飢己飢，人溺己溺」的情懷，是廣大的菩提心的展現，願意將愛擴展至其他眾生身上，願意愛世界上所有生命。

而在超越期，自覺就是覺他，自利就是利他；舉手投足無一不在自覺覺他、自利利他。因爲凡是所看到的，無論是認識或不認識的人，哪怕是一隻動物或是一草一木，從自性圓觀中會照見，甚至連糞便也是佛。你已經完全明瞭到所有一切，佛、眾生、空性三者不一不異、無二無別。從合一期開始，就是菩薩道從初～七地的養成過程，開展更大的智慧與慈悲心，領悟自身內外所有創造物既是空，也是不空；在超越期來到八地，就會完全了解一切二元對立的概念都是心的造作，即使是輪迴也是涅槃；這法界中的所有一切就是究竟，是空也不空，非空也非不空；內在的智慧與愛將不斷因與物質世界的相互激盪而開啓，綻放出更璀璨的花朵！

⑪妙用期

當見到「上帝的面容」，完全理解「與上帝是一」的精微奧祕，而回到俗世的英雄，深刻的理解，世人正沉浸在世界的榮華萬象中，而對其「神聖的奧祕」一點也不感興趣……。

況且，以世界有限的語言，有限的理解力，完全無法訴說這「神聖根源」之萬一。一世紀，基督教神祕主義家，大法官戴奧尼修斯（Dionysisus）說道：「眞理無限超越了所有一切，眞理在一切之上。」

中世紀，德國神祕家艾克哈特（Eckhart）說到上帝的寂靜沙漠，「在那裡永遠看不見差別，既不是聖父、聖子，也不是聖神，那裡沒有一個居住者，但在那兒，靈魂的火花比在它自己內更加平安。」[63]

63《宗教經驗之種種》威廉．詹姆斯／著，蔡怡佳、劉宏信／譯，立緒出版，p.492。

而這一切的一切偉大奧祕，如何展現至世人眼前呢？這將是一連串「不可能的任務」。

坎伯稱之爲：回返世界後的挑戰。「**歸返的英雄如要完成他的歷險，就必須在塵世的衝擊中存活下來。**」坎伯說。[64]

雖然這世界的一切亦是——神——自性的清淨展現，但神和人間在塵世人的眼中，卻是截然不同的「兩個世界」，就像出生與死亡，白天與黑夜。

印度偉大的明師——卡比爾說到：

珍珠散在路上，
瞎子走了過來，
無宇宙之主的光芒，

64 《千面英雄》坎伯／著，朱侃如／譯，立緒出版，p.241。

世人只會錯身而過。

英雄的挑戰：即如何成爲這「兩個世界」的主人。

在世人認爲合理的集體意識——主流價值，與英雄帶回神性中的永生奧祕所引發的智慧之間，會存在著令人不解甚至困惑的矛盾。在世人的流行價值評斷中，無論英雄從超越的意識深淵帶回何種恩賜，很快就會從主流世界的流行概念裡被更流行的花花事物給合理化的「取代」了。

這原本就「不存在」的事物，或帶來「威脅」，或帶來「刺激」、或帶來與世界無法理解的「荒謬、怪誕」。

「因此，我們極需另一個更新世界的英雄。」坎伯說。[65]

耶穌曾帶來不一樣的教導：「你們不要想我來是叫地上太平；我來並不是叫地上太平，乃是叫地上動刀兵。因爲我來是叫人與父親生疏，

65《千面英雄》坎柏／著，朱侃如／譯，立緒出版，p.232。

女兒與母親生疏，媳婦與婆婆生疏。人的仇敵就是自己家裡的人。愛父母過於愛我的，不配作我的門徒；愛兒女過於愛我的，不配作我的門徒；不背著他的十字架跟從我的，也不配作我的門徒。得著生命的，將要失喪生命；為我失喪生命的，將要得著生命。」[66]

坎伯寫道：「然而，對於那些在人類數千年的精明愚行中，已被正確教導過、或錯誤學習過上百萬次的事物，要怎麼再教導呢？這是英雄最困難的任務。那來自黑暗、不可以言語形容的宣示，要如何轉換成光明世界的語言呢？」[67]

耶穌帶來超越的教導，但如果不先讓他們也擁有著想面見自性——上帝的決心，若無法超越自己最愛的人，又怎麼來到那最神聖、最奧祕的自性跟前，並啜飲著永生靈藥的愛之酒蜜呢？卡比爾一首描寫神聖的

66《聖經》馬太福音・第十章 34～39。

67《千面英雄》坎伯／著，朱侃如／譯，立緒出版，p.232。

詩寫道：

主的愛酒——
倘若您啜飲愈多，
就會變得愈可口。
但這酒很難獲得，
因爲賣酒的商人——
噢，卡比爾，
他要求你拿頭來換！

總之，你如何將世界中沒有的事物，那隱藏在隱密中的事物帶入世間呢？

這好比要讓生活在２Ｄ世界中的人，說明什麼叫３Ｄ；或在３Ｄ世界中，欲展示５Ｄ的世界樣貌，同樣困難……。

坎伯寫道：「凡是試圖以成雙對立的概念定義啓示，都必然是毫無意義的，我們要如何才能把啓示翻譯成非『是』即『否』的語言呢？又要如何才能把虛空生萬物的訊息，告訴那些堅信感官是檢驗眞理唯一證據的人們呢？」[68]

幾乎所有先知、神祕家、實證者、明師們，都會遇上同樣的難題。這個世界，以令人驚嘆的速度前往無知與毀滅之境而不自知，當一位清醒的人想在「睡」的系統中，傳遞「醒」的信息，不是被人當成瘋子就是騙子。許多歷史上的先知、明師也因此付出相當的代價。不是被人打死，就是被人釘死，不然就是被放逐等等；總之，世人已習慣生活在「大夢」裡，任何一位想搖醒或擾人清夢的「傻蛋」，不是被人痛貶，變成眾人大加撻伐的對象，就是被扔入無法再見天日的黑牢，任由時間的流逝摧殘……。

68 《千面英雄》坎伯／著，朱侃如／譯，立緒出版，p.232。

坎伯再次以驚人的描述力，寫道：

「許多失敗的例子證明，這個肯定生命的門檻是困難的。歸返英雄的第一個問題是，在達到靈性滿足的心象體驗後，還要把無常的苦樂、生命的陳腐以及喧鬧的淫蕩行爲視爲事實。爲什麼要再歸返這樣的世界呢？爲什麼要試圖把超越的喜悅經驗，讓那些被熱情消耗的男女覺得合理，甚至有趣呢？正如夜晚有意義的夢境，在白天的陽光下便可能會覺得好笑一樣。詩人與先知也會發現，自己在眼神清醒的陪審團面前只是個傻瓜罷了。」

「簡單的做法是，把整個社會交付給魔鬼，再度退回天石居所，關起門來，把門閂上。」[69]

坎伯提到另一個有趣的故事，李伯（Rip van Winkle）的大夢，也

69 《千面英雄》坎伯／著，朱侃如／譯，立緒出版，p.232。

正說明這種有趣的矛盾。李伯無意識進入精神的歷險領域，如同我們在晚上睡覺一樣。儘管我們到達並造訪了黑暗源頭的驚豔世界後，生命整個改變，恢復無比的精神，得到生命的滋養，但我們的世界並沒有被它們改造；正如坎伯寫李伯經驗這個旅程後回來，除了鬍子變長外，沒有其他的事物可以證明這「穿越時空」的經驗。

李伯回來後，發現身邊只有一把舊式的火槍，並長了厚厚的一層鏽，彷彿是一把擺了數百年的老傢伙。他不知睡了多久，當他起身走動時發覺自己的關節都僵硬了，也無法像之前一樣的正常活動。

他開始啓程走向村莊，想發覺有無熟悉的人或事物。他碰到幾個人，居然沒人認識，這讓他感到相當驚訝，因爲這村子還有誰他不認得？而且，他們的衣服也和自己所熟悉的不同；而他們也以相同的驚訝表情望著他，彷彿看著一個來自不同的世界的人……

當他摸向自己的下巴，才驚訝地發現自己的鬍子已有一英尺長……

他開始懷疑自己和這世界是否都被魔法蠱惑了……

大夥看著這「奇形怪狀」的人，不一會兒便在他的周圍擠得水洩不通，很快的便引起了酒店中政客的注意。他們擠在他身邊，以極爲好奇的眼光從頭到腳的看著他。演說者喧鬧的跑向他，半推半擠將他推到一旁，神祕的問他投哪一邊的票？李伯瞠目結舌的望著這一切……還沒回過神來……

另一位矮小忙碌的小傢伙拉著他的手臂，踮起腳尖，在他的耳邊詢問他是聯邦黨或民主黨人？李伯對這問題同樣感到迷惑。此時一位外表看似精明、自尊自大，頭戴一頂時尚流行帽的老紳士，他銳利的眼神彷彿看穿李伯的靈魂深處，並嚴峻的詰問他，爲什麼背著一把看似腐朽的槍，還跟著一群暴徒來到選舉場中？是否意圖在村子裡引發暴動？「啊，鄉親們！」李伯有點驚慌的喊道：「**我是一個可憐、安分的人，是此地的老住户，也是國王忠貞的子民，天佑吾王！**」

圍觀的人群中突然有人引動一陣喊叫：「保皇黨、保皇黨！奸細！流亡者！趕走他！離他遠一點！」那位看似了然一切、自尊自大的老紳士，費了一番勁兒才好不容易恢復了秩序。

當英雄回歸世間，面對這些無聊的詰問，甚至是攻擊等塵世的苦樂時，如何又可在當下保持這超宇宙的智慧觀？

坎伯寫道：「對塵世知識果實的品嘗，把心靈的注意力從核心的無限年代的核心，吸引到周邊的剎那危機上去。完美的平衡於焉喪失，心靈爲之搖晃蹣跚，英雄也因此崩潰了。」

英雄回歸後被這世界打敗，已不是新鮮事了。眾生的意識僅關注於自身的利益、短視的觀點，無法將目光從繁雜的世間轉移到永恆蒼穹的源頭……

還記得嗎？

歸返的英雄如要完成他的歷險，就必須要在塵世的衝擊中存活下來。

他註定成爲世界最孤單的靈魂，這是他再度回到這世界的「咒詛」。所有人都無法了解他的內心狀態，這種「眾人皆『醒』我獨『醉』」的清晰明心，即將遭遇最嚴厲的、最爲顛倒是非的「原罪」審判。

但「愛」的深刻體驗，在那神祕的境界與神的一觸，已無法讓此心再度迷失。這覺醒之心不僅能覺察李伯所錯過的歷程，也清楚的明白，心靈深處的眞實，是無法被這世界的日常生活的眞實給掩蓋或淹沒……

這帶來英雄一個極爲重要的課題：即英雄必須去整合兩個世界……，並有智慧的成爲：「**兩個世界的主人**」，以及展現這兩個世界本是一的無限智慧。

「象徵」或稱爲「法」是這兩個世界溝通的「工具」，不要錯認爲它們就是那終極的——本身或其「主旨」，不論它們有多吸引人或多令人印象深刻，它們依然只是「**指著月亮的手指**」，而不是月亮本身。

聖多馬斯寫道：「只有當我們相信上帝遠超過對祂所能想像的一切時，我們才眞正了解上帝。」

當你歷經了無上的經驗後，更會理解如何從事兩個世界的「對話」及「橋梁」，但要世人眞正的了解其神聖的存在，還是必須將其自我的一切概念放下……。

「我的欲望之體垂死，而我的眞我卻反而活了！」卡比爾說。

印度十分有名的經典，《薄伽梵歌》（Bhagavad Gita），上主克里希那對阿朱那演示了眞理。

祂說：「只有皈依於『我』，才能以此型態認識『我』，眞正了解『我』，進入『我』。凡是從事『我的』工作，並視『我』爲無上目標的人，以及皈依於『我』且無瞋於受造物的人，都將走向『我』。」

只有眞心願意走向內在的眞我——自性，如同耶穌所說，「凡爲我喪失生命者，必得著生命。」

這些話所教示的意義已十分清楚，這是所有宗教欲實踐的眞實義，凡個人經過長期不間斷的性靈鍛鍊，對個人的意識局限、執取、希望和恐懼、不安與絕望的所有渴求與排斥，都已完全放下與超越，不再抗拒爲了悟眞理而需經歷的「自我消融」，來到終於成熟並完全瞭解上帝奧祕之境的最偉大贖罪，他自由自在且隨遇而安。

在此究竟境界隱匿於世的偉大靈魂，無論外在世界如何荒謬、攪擾，他們總能在無限的平安與無窮的寂靜中，好好的安住於無上之境，隱藏自己的光；不論是隱居山林的隱士、流浪的乞丐、有時白癡、有時呈現聖賢的氣度、有時是皇家的貴人、有時流浪、有時靜如處子，有時又動如脫兔；有時和藹可親，有時憤怒如惡魔；有時尊榮、有時受辱；有時赫赫有名，有時又默默無聞，不論他是屠夫、乞丐、達人或國王；這就是覺者的生活，永遠歡喜的擁抱無上的喜樂，好似外在的一切完全不會侵擾到他那寂滅的永恆之心。

「這充分體驗『不滅』的人，總是『不滅』本身，再無其他。」[70]

坎伯寫道。佛教瑜伽行派的重要經典《解深密經》中，也對這領悟實相眞理的菩薩們的十地心路歷程，多有描述。「解深密」，就是開解甚深的祕密。

對應這英雄的旅程與菩薩的十地經歷以及之後的等覺、妙覺、佛等共十三地，有著不可思議的異曲同工之妙。

在合一期，體驗到永恆自性的極喜，是名「歡喜」，即菩薩覺悟之路的開端。初到七即在合一期階段中對於與自性——神性的合一深度的境界；在超越期初嘗八、實證八——不動地；到妙用期的實證九乃至十地；大菩薩的境界——八、九、十地皆是對應聖達瑪意識光譜的第三界；到昇華期來到等覺的境界，對應到——第四界；最後來到圓熟期——圓

70 《千面英雄》坎伯／著，朱侃如／譯，立緒出版，p.252。

覺，是爲覺行圓滿的——光覺佛——眞正的上帝之境，對應——第五界。

這「十地」，是爲了悟究竟而巧立之法，因菩薩還有十種細微無明所治障須要對治，所以建立十地。

菩薩在其英雄修練的過程，漸漸超越十種微細無明的覆蓋，而深入「十相所知法界」；「地」有多種的含意，主要是「依持」的意思，種種在證悟過程中的功德，依之而成立，依之而生起，所謂「能生功德名爲地」。而「地」的體性（本質），就是開啓無分別智而契證法界實相；所有現出的功德，只是「地」的眷屬莊嚴。從法界的本質來說，唯一法界相，是不能安立概念境界的差別；在本覺自性的究竟平等性中，初即十地，十地如空中鳥跡般，難思也難議。故巧立十地，主要在說明菩薩在深入自性之究竟境界中，離種種諸障與了解自性眞我的微細差別的過程。

由於篇幅有限，我們就從已到超越期的八開始說起：

八地——所得「不增不減」的法界相，從遠離「無相作行無明」所證得的境界。

這得從七地開始說起，七地所得「種種法無差別義」，從遠離「細相現行無明」所顯得的。這「細相現行」是指六地菩薩對於如來所演說的種種法教，及微細的「取相現行」。簡言之，就是六地菩薩對於自性的所證知境界，在如來所演示的種種究竟法教中，還有微細的執取眞理與非眞理的「取相現行」，進入七地的實證後，連這微細的分別與執取眞理也消除了。從此純「無相」觀，自性、佛心、眾生及眾生界，都無差別，連佛陀、所演示的法、眾生、與自己都進入了「純無相觀」，這就是自性所顯的一切，也都是空相，並通達如來一切法門，法法皆無差別，便得種種法無差別的法界之相。

但第七地，雖得「無相行」，卻還有「功用行」存在。亦即七地雖已了悟種種法皆無有差別，這種種「法」，包含了義與不了義、世間法與出世間法等，從此這「兩種世界」或「兩種狀態」，幾乎一致；但在細微處，也還有這「法」的種種功用差別，所證得不同境界的種種功用，以及欲引導眾生的種種功用差別，因爲這無相及功用的作意存在，障礙了八地的「無功用」道。

因此再次掀掉種種功用差別的微細意識，離「有功用相」，證得「無生法忍」，這就通達了諸法的不增不減，因所有法——善法、惡法，了義法、不了義法，世間法、出世間法都是自性所顯化的啊！一切不一不異、不生不滅；真正成爲兩個世界的主人，因爲現在英雄心中已完全沒有「兩個世界」的所有細微分別概念，一切所顯、未顯都皆爲清淨。

八地菩薩因爲這證境，而得「如幻三昧」，觀一切法無礙，隨心所欲現的即能顯現，稱爲「相自在依止」；能觀諸法界之中多重世界，隨心所欲變現的何種國土，均能輕易變現，稱爲「土自在依止」。

九地，從此進入妙用期。要進入九地的境界，就得再次脫離八地的所證狀態。八地菩薩雖得無相的大樂，但對無相寂滅這非常妙樂的境界，仍有些許耽著，尚不能完全以無功用行去利樂所有諸有情眾生。得佛的智力所顯的清淨勸諭，才更從深層大定中，起廣大的利他行；因為自性所顯的一切眾生，正是我們自己，更深的體悟自性後，更應從自身自性，以自性之光故饒益一切有情的無功用行。從此了然於心，斷此大障，而進入無相無功用行的九地。因為斷了功用行的大障，也獲得四無礙智；從此，說法自在，得「智自在依止」法界境界。

十地，是妙用期的後期境界，從遠離「於諸法中未得自在無明」而得到「業自在依止、陀羅尼門、三摩地自在依止」的法界境界。

簡言之，十地菩薩已經通曉諸法，在所有萬事萬物中，由自性所顯化的一切法、非法，所有了義、不了義法，入世、出世間的一切現象，都能清晰洞見這所有一切顯化的本質，因而無論在任何處境之下，都能品嘗真實的自性自在，不管他／她是妓女（如：《華嚴經》中所說的婆須蜜多女）、皮條客、被狗咬的乞丐、被推崇的英雄等等，如同演員，不論穿上或卸下所扮演的角色戲服，都無法改變他內在已成爲存在的喜樂自在。

他已從行動的果報中，整個的「不沾鍋」，他已用眞理之智的火焰，將自心深處的種種好／壞、陰／陽、善法／惡法、了義／不了義等所有概念之芽皆悉燒毀。

雖然還有兩分「微相生相無明」未破，但從此沒有任何情境能動搖到他的「不滅本性」。

在神話中，這個世界的生命領域，通常以「戰場」來作爲象徵，每一生物都是「弱肉強食」以啖食他人的生命維生。商場即戰場，生存即戰場，似乎這物質世界中無一不是戰場。

於深入了解此生命不可避免的眞實「原罪」後，你如何展現自己？你如何顯示自心的平衡？如何展現生存的智慧？或許，很多人了解世界的眞實面貌後，都會覺得無法適應而噁心，不是帶上其他的面具，就是以「別人也是這樣生活的」自欺、麻木以度。

而坎伯發覺這當中仍有陷阱，若是在合一期的「假性開悟」，還是有人會「假裝」已理解這至高的眞理而欺瞞自心、欺瞞世人。他語重心長的寫道：

「像我們一樣的大多數人，卻會製造出一個錯誤且終究無法自圓其說的『自我意象』來，把自己看成世界的『例外現象』，不如他人的罪惡那麼深，並以個人代表『良善』爲由，合理化個人無可避免的罪惡。這種自命正義的態度，不僅導致對個人本身的誤解，也造成對人類和宇宙本質的誤解。」[71]

如同在第一章引用史密士在《人的宗教：人類偉大的智慧傳統》中

71《千面英雄》坎伯／著，朱侃如／譯，立緒出版，253。

寫道：「無條件的唯一的善，不是善意（good will）（註：由康德所主張的），因爲在狹窄居所中的意志也可以是善的。唯一無條件的善，乃是延伸出去的洞見，擴大吾人對萬物終極性的了解。」[72]

這完全對應英雄旅程在性靈科學鍛鍊上的終極體悟。也對應坎伯對神話學的終極使命：「神話的目標在於，調和個人意識與宇宙意志，以驅散這種對生命『無知的欲求』。要達到這種調和，必須對倏忽無常的塵世現象，以及在萬物中生滅的不朽生命兩者間的眞正關係，有所領悟才行。」[73]

似乎不論在何種領域，英雄所見略同，不管是「善」、「正義」、「救贖」等，當你昇起無論多「正當性」的旗幟，想用力對抗自身所認定的

72《人的宗教：人類偉大的智慧傳統》休斯頓．史密士（Huston Smith p）／著，劉安雲／譯，立緒出版，p.11。

73《千面英雄》坎伯／著，朱侃如／譯，立緒出版，253。

「邪惡」，都有可能在自己尚未了悟自性，了悟個人意識與宇宙意志，了悟萬事萬物與自性、神性的偉大關聯性之前，會有「合理化」自身或團體這無可避免的罪惡之危機，而自命正義來「打擊」自己的「對立面」——敵人。

在合一期時，仍會有這樣的「對立」風險存在，因爲將自己看成「例外分子」，或「開悟」狀態，或「具有天命」的自我意象時，便無法眞正看見「對立」本身的眞正價值；「對立」是爲了迎向「合一」，爲了擴大吾人對萬物的終極性瞭解。「對立」是「愛」的展現，當我們一味的只想剷除「對立」，這種對生命「無知的欲求」，會帶來更多罪惡，帶來更多「對立」，直到我們能在陰與陽、在所有「對立」面都會生滅的現象中，發覺其背後的「不朽生命」之價值與眞正深刻的關聯性後，方能「跳脫」！

這也凸顯了英雄在超越期後，所能經歷自性之不朽本質的眞正價值。

⑫昇華期（第四界——等覺——癲狂的顯化）

這宇宙是由於眞我的無知而出現，

也由眞我的有知而消失。（《勝王瑜伽經》5–11）

在這兩個對立的世界，幾乎完全合二爲一的境界，就會來到昇華期。

昇華期在聖達瑪的意識光譜，已來到「第四界」——終極絕對的「黑暗」。

「黑暗」，並不是指在物質世界中的黑暗，而是指所有一切的「光」，到達這個境界，都會完全隱沒於「黑暗」之中，所有的「愛」，到達這裡，都會成爲隱沒入「黑暗」的「愛」，這更加無法使常人察覺的「愛」，就好像它們從沒存在過一樣。

這讓我想到「中道」，許多現代人對於「中道」也極有誤解。佛陀在《化迦旃延經》中有一段對「中道」的清楚說明：

喔，迦葉！

「是」爲一極端，「不是」爲另一極端；

中道不可觸、不可比、無處、無顯、不可解。

喔，迦葉！

此爲中道，是即眞實觀。

在合一期，我們開始經歷二元合一的初始經驗，「二元的本質原來是一」的眞正瞭解，會在超越期——八地時，來到更深的體會之境。

而在妙用期——九～十地，已能將這二即是一（陰與陽是一，兩個世界是一）的愛與智慧、智識雙運，運用的極爲巧妙。

在昇華期，所有的一切智慧、領悟、證量，完全在此派不上用場，似乎爲了進入「圓熟期」的莊嚴而準備，讓已進入妙用期的自己，再度「死亡」，再度完整歸零，而進入要回歸本初前的一種「混沌」狀態。

本初、本始的源頭，具有「創化」的規律，所有的生命都隨著這規律的生命潮流——升與降。

坎伯寫道：「正如個人的意識是棲息在一片夜海上，在睡眠中沉降到海裡，然後又神祕的從中醒覺過來。」74

宇宙和其當中的萬事萬物相同，從永恆的靜默狀態中，降生出來，並安住其中，等「時間」到了，又再「消融」回去。

「消融」，是一個極美的境界與狀態；在此狀態中，沒有意識，沒有「一」，沒有肉身，沒有心靈，沒有個體性思維，沒有分別，沒有宇宙，從最爲古老的終極寂靜中，降生出一切，而這一切，又在最爲適當的時間，進入「化境」、消融回歸於「混沌」。

依靠這源頭的清淨、規律的能流力量，讓所有生命的身、心、靈都能因此「規律」而重回活力、清醒、全然健康的狀態。

74 《千面英雄》坎伯／著，朱侃如／譯，立緒出版，p.279。

宇宙與意識都有著相同的三個不同狀態的循環：

第一種狀態「清醒」：即對外在世界刻板、粗淺粗糙的認知。也是集體意識共通於全體的事實。

第二種狀態「睡夢」：在個人內在世界中，流動著對外界細微形相的認知，它們如同佛家唯識所說的阿陀那識如瀑流般創造，它們自顯，與正在睡夢中的人具有相同的本質。

第三種狀態「深沉睡眠」：無夢、清明、且充滿極致的喜悅、幸福感。

在第一個狀態中，教導我們二元對立的生命經驗。

在第二種狀態中，這些經驗無論對錯、好壞都被消化吸收成夢者的內在力量。

在第三種狀態中，這浩瀚的無意識，所有的一切，都在自心中的「內在空間」，創造者與源頭，連接成廣大的無意識「無量之網」，與眾人共同造夢，共享信息。

宇宙的循環也是一樣。

似乎是宇宙意識從本初中未顯現的「深層睡眠」狀態，經過「睡夢階段」，創造乙太，最後來到如白日般的清醒、醒覺狀態，就此「看見」一切；然後又經由睡夢階段回歸、消融到永恆的黑暗之中。

印度古老《奧義書》以神聖的音節——「嗡」（AUM）來說明此奧義。第一個音節「啊」（A）代表清醒的意識，第二音節「嗚」（U）代表睡夢的意識，第三音節「嗯」（M）代表深沉睡眠的意識；而環繞在四周這靜默的一切，乃是「證知」者，也是終極的「未知」，坎伯說：「**它就被稱為『第四要素』（The Fourth）。**」

這三個音節的深層含意包含創造者、保育者和毀滅者於一身的上帝，而靜默則是指「永恆的上帝」，祂的絕對清淨，使所有從其「流出」的一切，也絕對清淨。

坎伯寫道：「『這古老的古老，未知的未知，有形卻也無形。』我們在中古世紀希伯來人的密教文獻[75]中讀到這樣的文句。他有形，宇宙因此得以保存；他無形，因爲他無法被理解。」[76]

以坎伯的研究中他說明：「這古老的古老乃是以臉龐的側面代表；他總是臉龐的側面，因爲隱藏的那一面永遠不可能被知道。這叫做『大臉』（Makroprosopos）；從它那白色的鬍鬚束縷中整個世界爲之展開。」

「那鬍鬚，亦即所有眞理的眞理，從耳朵的部位生長出來，一路下降到『神聖者』（the Holy One）嘴部的四周；下降後又再上升，布滿被稱作豐郁香氣之的臉頰；它是光彩的白色，在平衡的力量中勻稱的下降，甚至覆蓋到胸膛的部位。那是裝飾的鬍鬚，既眞且善，從那兒留下十三道噴泉，散布最珍貴的光輝香液。這以十三種形式部屬排列……於

75 猶太卡巴拉（Kabbalah）密教的《光輝之書》（The Zohar）。

76 《千面英雄》坎伯／著，朱侃如／譯，立緒出版，p.285。

是某些傾向可在宇宙中出現，根據依附於那神聖鬍鬚的十三種傾向，便展開進入了慈恩的十三道門。」

我認爲最妙的詮釋，莫過於坎伯再次寫道：

「『大臉』的白色鬍鬚下降到另一個頭顱上，亦即代表整個臉龐而長了黑色鬍鬚的『小臉』（Mikroprosopos）。『大臉』之眼沒有眼瞼也從來不閉合，而『小臉』的眼睛卻以宇宙命運的緩慢節奏交替開關。這是宇宙發生循環的開張與閉合。『小臉』稱作上帝（GOD），『大臉』則稱爲『我是』（I AM）。『大臉』是那『無生的不生』（Uncreated Uncreating），『小臉』則是那『無生的創生』（Uncreated Creating）：二者分別代表靜默與音節『嗡』，那顯而未顯者及內涵於宇宙發生循環中的呈現。」[77]

77 《千面英雄》坎伯／著，朱侃如／譯，立緒出版，p.285～.287。

道 I am
（自性/本覺）
I am God
（上帝 / 始覺）
二（陰陽）
三（萬物）

我只能說眞的是驚嘆於坎伯的發現呀！在佛教古老瑜伽行，佛陀的教導——如來藏之中，也有著不可思議的相應性說明。簡單的說「大臉」——「無生的不生」即對應著原本本初的「本覺智慧」——智境，而「小臉」——「無生的創生」即對應「後得智慧」——識境；這個法界乃至整個宇宙萬事萬物，就是識與智的「一切遊戲」。智境——「大臉」即指如來法身，識境——「小臉」即是如來「法身功德」，而本覺智與後得智，智識雙運的境界，「大臉」與「小臉」全然是「一」，就是眞正的如來藏的境界。

所有對於眞理的瞭解，似乎在此階段，又開始回歸到「睡夢狀態」，但雖然是再度回歸於終極的「黑暗」，但其本身的意識卻散發著「不滅」的光芒，更加洞見這宇宙與法界的創化與消融的規律智慧，同時，也照耀了整體集體意識在「睡夢狀態」中的意識。

這不思議的昇華期，彷彿已經與諸佛的如來藏境界無異，與本初的上帝同一，只是這不思議境界，無法以語言、文字訴說於萬一，於是坎伯才以神話的象徵來訴說，但這一切還是得靠自己親嘗，才能體會爲何世世代代都有這些英雄，願意踏上無人之境的冒險，只爲目睹那本初源頭——上帝的一切奥祕。

在此境界以接近一切竟盡之境，有情界盡、世界盡、虛空盡、法界盡、涅槃盡、佛竟盡、入如來智慧界盡、心所緣界盡、智入佛所行界盡，總之，一切盡竟。這以完全瞭解「小臉」——識境顯化的一切奥祕，也知曉「大臉」——智境的終極清淨，這「大臉」與「小臉」以在此清淨、徹底的「黑暗」中，逐漸消融其邊界，再也無法分辨誰與誰，本初與後得，智與識；只因其本質從未改變，也無法說祂是「一」了。

比較巫術之旅、進階瑜伽、佛家禪修及精神分裂的意識狀態

向度	巫術之旅	佛家內觀或正念	汳坦闍利之瑜珈體系	精神分裂症
控制力 1：能否自由出入超常意識狀態	能	能	能	↓↓控制力急遽下降
控制力 2：操控經驗內容的能力	↑局部性的	↑局部性的	↑↑ 某些三摩地境界的操控力 可以達到極致	↓↓
對環境的覺知	↓	↓	↓↓感官和身體的覺知會降低	↓時常會降低和扭曲
溝通能力	時有時無	通常可以維持	完全沒有	↓溝通的方式通常是扭曲的
專注力	↑流動的	↑流動的	↑↑固定的	↑↑
警覺度	↑	↑	↓↓	↑↑極度騷亂
祥和度	↓	↑通常可以維持	↑↑極度詳和	↓
情感	有正負面情感皆有	有正負面情感皆有，但正面情感會隨著修行而增加。	只有正面情感或是無法名狀的至樂	通常是非常負面的，極少會出現正面情感，經常是扭曲及不妥的。
自我感	獨立出來的自我感或是無形感的靈魂	自我感被解構成不斷在變化的能流：無我	不變的， 超越的自我或真我	崩潰的，失去自我界限，無法區分自我和他人。
出體經驗	有， 操控自如的至樂感	無	無，失去對身體的覺知 （「處於停滯狀態」）	罕見， 而且是無法控制的
意識內容	取決於薩滿宇宙觀和巫術之旅的目的而形成具有連貫及結構性的意像	將複雜的經驗 分解成刺激反應的構成要素，再進一步分解成連續不斷的轉變	一境性 （「有支撐三摩地」） 或純意識 （「無支撐三摩地」）	經常是四分五裂或混亂的

參考資料：《超越自我之道：超個人心理學的大趨勢》羅傑．渥許，法蘭西斯．方恩／著，易之新、胡因夢／譯，心靈工坊，p.82。

在昇華期——第四界，借佛家的說法，還有一分的「微相生相無明」尚未完全破除，也就是指：在這「大臉」——智境，與「小臉」——識境，還沒完全顯露全然、全知之光，還有極爲微細的差別運作著，當這細微差別也被完整「消融」，就此眞正的來到佛、本初上帝的「圓覺」之境。

4.全知

⑬圓熟期——圓覺——覺行圓滿、生命的圓滿竟境

這境界眞不可說，不可說啊！然而世間人不明白「佛」的眞實含意，正如達摩在《達摩大師血脈論》中所說：

> 心即是佛，佛即是心；心外無佛，佛外無心。……。若言心外有佛，佛在何處？心外既無佛，何起佛見？……眾生顛倒不覺，不知自心是佛。若知自心是佛，不應心外覓佛。

佛不度佛，將心覓佛不識佛。但是外覓佛者，盡是不識自心是佛。亦不得將佛禮佛，不得將心念佛。佛不誦經，佛不持戒，佛不犯戒，佛無持犯，亦不造善惡。若欲覓佛，須是見性，見性即是佛。若不見性，念佛誦經持齋持戒亦無益處。念佛得因果，誦經得聰明，持戒得生天，布施得福報，覓佛終不得也。

……

佛無持犯，心性本空，亦非垢淨。諸法無修無證，無因無果。佛不持戒，佛不修善，佛不造惡，佛不精進，佛不懈怠，佛是無作人。但有住著心，見佛即不許也。佛不是佛，莫作佛解。若不見此義，一切時中，一切處處，皆是不了本心。

若不見性，一切時中擬作無作想，是大罪人，是癡人，落無記空中；昏昏如醉人，不辨好惡。

在此圓覺之境，正如《圓覺經》所云：哪怕是淫、怒、癡，也俱是佛性、「大臉」——智境的清淨展現。

但多說多錯，當英雄還未眞正進入「無分別」之境界時，論及這些，眞的沒有意義，也無益處。

「佛」是大平凡人，是大愚人，是全知、圓覺但又無所知，此境界是如此平凡，也還眞沒有什麼好說的。

這一節的所有奧祕早存於自心，存於整個宇宙、法界之中，無所不是、無所不在，但在心的明覺力尚未眞正開啓之際，就只會淪於意識辯駁的工具。

當英雄來到此境的邊界，欲自「消融」至此境，若我們有緣，則所有一切奧祕，定當面授。

將心傳心，深入自證，親自驗證，不假外求。

（二）英雄旅程帶來生命的覺醒之力

我若能從萬人的方言並天使的話語，卻沒有愛，
我就成了鳴的鑼，響的鈸一般。
我若有先知講道之能，也明白各樣的奧祕，
各樣的知識，而且有全備的信叫我能夠移山，
卻沒有愛，我就不算什麼。……

——聖經．哥林多前書，13:1–2

如今常存的有信、有望、有愛，
這三樣其中最大的是——愛。

——聖經．哥林多前書，13:13

人，被不知名的力量，迫使他／她，走向未知的旅程。

生命，本身就是巨大的未知，卻擁有神奇的奧祕。我經常說，生命，就是最有價值的老師，但我們往往沒有提昇自身的意識，因而錯過它想告訴我們的種種人生的「禮物」與奧祕。

這生命，所有的廣闊生命的存有，其存在就是一場美妙的「英雄旅程」！

透過「英雄旅程」的經歷與學習，我們得以看見生命本來就想讓你我發現的「禮物」、生命的轉機、轉變後的智慧或「愛」。

我們所有的存有都是一體的，但除非我們深入生命本身，勇於超越自我，體認到愛——真我自性的愛，否則我們仍然會被二元意識的對立力量產生撕裂。

似乎，生命本身提供了一場「遊戲」，一場了悟自己就是奧祕本身的「遊戲」，而逐漸透過每個意識階段過程中的體悟、瞭解與成長，讓我們看見這原本顯而未見的「禮物」。

皮爾森博士在《內在英雄：六種生活的原型》中寫道：「只要還有人沒踏上探索之旅，發現自己的心聲與才能，並對世界做出獨特的貢獻，我們便會開始感到生命在枯萎——就連最有權勢的人也不例外。沒有人可以長久從別人的犧牲中眞正獲益。」[78]

所有的生命自身都有一股巨大的力量，等待自己「救贖」自己，將那巨大的未知的力量解放出來。所有在歷程中所經歷的陰影原型，在在凸顯一個事實：要我們加以面對、接納、轉化、穿透、整合後，成爲更不一樣的自己！

這所涉及到是，所有存有的完整面相，人格是否能完全發展出超越當代思維與困境的價值。

78《內在英雄：六種生活的原型》卡蘿．皮爾森／著／者，朱侃如、徐愼恕、龔卓軍／譯，立緒出版，p.4。

坎伯說道：「昨日的英雄將成爲明日的暴君，除非他今日便將『自己』釘上十字架。」[79]

這意義即在於，倘若英雄內心原型陰影的對立面尚未完全整合，並且未將「自我」意識釘在十字架上，消融於萬有之內，然後經歷「復活」，卻想出來「拯救」世界，那確實會有再度落入對立面而成爲明日暴君之風險。然而即便如此，英雄也正經歷其特有的精深旅程。

皮爾森說道，「英雄……是在每個發展階段中，與眞實的自己更加貼近的旅程。弔詭的是，我們每個人在過程中都受到原型模式的規範，才能發現我們的獨特性，因此我們在發展的階段中，既是獨特的，也和別人非常相似。」[80]

79《千面英雄》坎伯／著，朱侃如／譯，立緒出版，p.387。

80《內在英雄：六種生活的原型》卡蘿·皮爾森／著／者，朱侃如、徐慎恕、龔卓軍／譯，立緒出版，p.5。

獨特，是每個存有的存在價值，也是每個存有在其生命深處的靈魂特質。這永遠無法被其他存有取代，也沒有被其他存有「超越」的危機。因爲所有生命的共同「原罪」，就是協助自己剝去隱藏著生命自性的光輝外衣，而讓自身的獨特性透過原型的顯露，因而更加認識自己與肯定自己。在這樣獨特的英雄旅程中，我們將發覺每個存有都將透過經歷意識的黑暗、原型的箝制等，逐漸發展自身獨特的力量。在與自心更貼近的同時，我們卻也驚訝的發現到：我們與其他人、生命及世界更加貼近了。我們會發現，原來所有的生命都在體悟自身的英雄旅程，沒有快，也沒有慢；戰勝自己，反倒成爲這個世界中最能引發內心共鳴的良藥。這深刻的同理之心，將慢慢因自身對其自身奧祕的深入了解，而擴大至他人、種族、國家、乃至所有生靈。

愛，是回家唯一的路。也將是英雄旅程中最爲閃亮的光芒所在。

因爲愛，轉化了所有人的原型分別意識，而首度意識到，原來生命的目標不在於追求勝利，而在於對生命自身的學習。

倘若，有愈來愈多人更加對於生命的深層理解，我想從本世紀開始，人類的結局會變得相當不一樣。

「英雄主義不再被定義爲移山倒海，而只是去了解山與海：完完全全的做自己，以不否認的態度觀照實存，並對生命提供我們的功課，敞開心胸來學習。」皮爾森寫道。[81]

他呼籲：古代的英雄永遠是一個人，新時代的英雄已經不再是一個人了，今天所有人都需要這麼做。

「今日的英雄主義要求我們走上自己的旅程，去探訪眞正自我的寶藏，並和全體社群共享，方法是實踐並充分作自己。我們若能如此實踐，

81《內在英雄：六種生活的原型》卡蘿·皮爾森／著／者，朱侃如、徐愼恕、龔卓軍／譯，立緒出版，p.14。

我們的王國才能轉化。

「當我們改變時，眞實就會改變；當我們轉化時，世界也會跟著被轉化。」[82]

我們愈有勇氣做自己，就愈有機會活在適合自己的社群中。」[83]

英雄的使命不再只是爲了凸顯或證明自己的英雄氣概及價值，更不是爲了證明自己是誰而存在，眞正的功課是如何讓自己成爲本然的自己，做回本然的自己。當此生命的目標開始轉向內在，激發出更大的生命智慧火花，而這火花將開啓世界一道新的門，促發生命共同照亮生命，這耀眼奪目的生命之光，將使世界邁向新的意識的里程碑。

這也會促使所有的英雄，前進到自己最爲獨特的位置，永遠爲垂死

82 《內在英雄：六種生活的原型》卡蘿．皮爾森／著／者，朱侃如、徐愼恕、龔卓軍／譯，立緒出版，p.218。

83 《內在英雄：六種生活的原型》卡蘿．皮爾森／著／者，朱侃如、徐愼恕、龔卓軍／譯，立緒出版，p.220。

的文化、僵化教條所導致的「死亡」，注入一股不可思議的新生命。

（三）英雄的時代使命

我們對於真理所能表示的最大崇拜，就是要腳踏實地去履行它！

——愛默生

從英雄開啓內在之光，繼而返回世界時，他便已註定要來打破、超越那局限自己同胞的現代視野。

坎伯寫道：「英雄是那些能夠了解，接受並進而克服自己命運挑戰的人。」

英雄的基本行爲，就是不斷破壞當下的既成事物，尤其是已經安於現狀或保持現狀的「怪獸」。英雄因爲成爲本然的自己，而擁有超越當代的視野，使他能直觀與全觀看見此刻改變的眞正障礙。

英雄所釋出的犀利洞見與行動，就是在清除改變障礙物，使得生命本身的演化動能，得以繼續推展、前進。

推動世界進化的原初動力，彷彿在此刻完全與英雄「結合成一」，眞正成爲生命的奧祕本身。這超凡的英雄，會同時持續宇宙的循環動能，也因其早已開啓的內在慧眼，更能於所有危險和無常的巨痛中，於世界形色的歡愉、哀傷中，平衡對立的力量，並再度使人類看見絕對的終極自性存有。

坎伯在《千面英雄》一書的〈救贖世界的英雄〉中寫道：「在父親的華夏中，兩種不同程度的啓蒙必須加以區別。兒子從第一種程度的啓蒙歸返時是『使者』的身分，但從第二種程度的啓蒙歸返時，他已理解到『我和父親是一體』的道理。第二種最高啓蒙的英雄，是最高意義的世界救贖者，也就是所謂的『道成肉身』。」

無論是第一或第二種啓蒙，正如前面所述，均無高低之分，每個英雄的位置都有其最重要的工作要做，有其本然的自己要呈現，但方向與造成世界改變的推動力量，是不會改變的。英雄透過破除自己原型的內心障礙，進而推動整體的改變，並於所有局限、僵化、固化的文化中注入一股新力量與生命。

在神話中的意涵，坎伯直截了當的說，英雄的工作是去斬殺父親的執著面相，（父親即指龍怪、試鍊者、食人魔國王），並從它的禁錮中釋放出哺育宇宙的生命能量。[84]

這是英雄的力量所欲呈現的基本方式。透過這象徵「全體」的父親所呈現出的種種對立，人們執著的種種面相中，綻放英雄的智慧之光，去發現生命的本質與價值，並眞實的超越對立的力量。

84 《千面英雄》坎伯／著，朱侃如／譯，立緒出版，p.386。

由於英雄對於永生存有擁有透澈瞭解的智慧，故英雄會一一推開生命實相的幻境障礙，讓所有生命開展出智慧火花。坎伯寫道：「當代英雄的使命在於，凝塑出一套超越種族、國界、宗教、文化、社會等，人爲藩籬的象徵符號系統，從而使生命的深層意義爲之彰顯。這當然有待當代人類集體的努力。」

這就是我們一直在努力的，因爲超個人的經歷，因爲性靈科學，使所有的英雄皆歸向——愛。

愛，是唯一的道路。因爲愛，使英雄們更容易站上自己獨特的位置；因爲愛使英雄們樂於打破意識、種族、宗教、國家、社會、文化的疆界，以朝向更高度的生命永續意義。

愛，使一切的對立幻相得以消融，並使英雄的使命更具當代意義。

現代的英雄，會更勇於傾聽愛的召喚，並樂於爲個人生命開啓新的旅程，爲這世紀，爲寶瓶世紀的開端，推動超乎你我意識所能想像的巨大合一。

因爲愛，使英雄能夠奮戰超越個人及地域的歷史邊界局限，共同創化新時代的未來。

不論英雄正走在哪個階段，都要絕對信任，信任自己的本然，信任自性，並遵循內心的道路，朝向不可思議的每一天前進。

不論世界在轉化的過程中，有多麼巨大的挑戰與苦痛，世界不會主動的脫下它原來的現狀，它的驕傲、恐懼、垂死的戰鬥、合理化的邪惡、以及對於神聖化事物的誤解。

來吧，英雄們——我們現代的所有人，都應該共同分擔這世界即將轉化對立所將釋放出的「黑暗」原型力量。「黑暗」並不是「黑暗」本身，而是所有投射於其上的心智力量。唯有英雄心中清澈的永恆的「愛」之光芒，黑暗也將自動歸於一，只因其本來是一。

讓我們共同分擔人類欲經歷轉化期的極致苦痛，那將使世界更迅速前進。當愈來愈多人願意加入整合其對立面的英雄旅程，瞭解眞正的勝利並非來自神話中的光明時刻，而是每個人在生命的絕望、黑暗中時，仍能勇敢前行，點燃自心中「愛」的火苗，看出那課題本身的價值與意義，並散放出那極致、永恆與無分別平等的終極自性之光。

附錄

覺醒路徑自我檢視問卷

覺醒路徑自我檢視與療育總表

覺醒路徑自我檢視問卷

填寫姓名：　　　　性別：　　　　出生（西元）年：　　　　填寫日期：

➢ 下列關於覺醒路徑上可能產生的反應與徵兆，請觀察自己半年來的狀態，依照您覺醒反應的發生頻率，在符合您的敘述欄打勾。

覺醒的反應與徵兆	總是	經常	偶爾	很少	從不
1.睡眠習慣改變。例如：多夢、輾轉難眠，半夜起床兩三次。	☐	☐	☐	☐	☐
2.改變飲食習慣。例如：不容易覺得餓，或是很容易就飽了。	☐	☐	☐	☐	☐
3.皮膚敏感：紅斑，腫塊，痘痘，蕁麻疹，皰疹。	☐	☐	☐	☐	☐
4.莫名的頭暈或是一陣一陣的暈眩。	☐	☐	☐	☐	☐
5.頭皮或脊椎好像有螞蟻在爬，發癢，針刺、痛痛或脹脹的感覺。	☐	☐	☐	☐	☐
6.身體發生莫名的疼痛。	☐	☐	☐	☐	☐
7.身體可以敏銳感知環境的能場變化。（到某些地方覺得混亂、暈眩、頭暈……）	☐	☐	☐	☐	☐
8.能感知到超越肉體認知的限制。例如：可以承受更大的寒冷、炎熱、疼痛……。	☐	☐	☐	☐	☐
9. 遇到生命的難題而渴望尋求解答。	☐	☐	☐	☐	☐
10.忽然間你會從另一個從沒想過的角度去考慮問題。	☐	☐	☐	☐	☐
11.發生改變人生的大事。例如：死亡，婚變，失業，無家可歸（破產或火災水災），重病以及其他自然災害。	☐	☐	☐	☐	☐
12.情緒的激烈波動：一點小事就感動到痛哭流涕，一點點挑釁就被激怒或悲傷。	☐	☐	☐	☐	☐
13.你覺得生活一團糟，有心要重新整理，但同時又亂成一團無法專注在任何一項。	☐	☐	☐	☐	☐
14.你對於被其他人事物卡住而進退不得，會覺得沒耐性。	☐	☐	☐	☐	☐
15.做事時彷彿恢復年輕時的活力與衝勁。	☐	☐	☐	☐	☐
16.更強的直覺協助自己做出判斷與決策。	☐	☐	☐	☐	☐
17.感覺自己跟靈魂同步思考/行動。	☐	☐	☐	☐	☐
18.終於知道要來到這個世界的使命。	☐	☐	☐	☐	☐
19.生活雖然富裕，內在卻感到空虛、若有所失。	☐	☐	☐	☐	☐
20.重新獲得在感情強烈時流淚的能力。	☐	☐	☐	☐	☐
21.平凡的事情也可以讓你感到喜悅。例如：日落、白雲……。	☐	☐	☐	☐	☐
22.即使有人陪在身邊，內心仍感到孤單。	☐	☐	☐	☐	☐
23.對外界環境有陌生感或疏離，渴望找尋家的感覺。	☐	☐	☐	☐	☐
24.喜歡獨處或享受無所事事。	☐	☐	☐	☐	☐

25.覺得自己對公衆的活動不感興趣。	☐	☐	☐	☐	☐
26.觀察到生活中重複發生類似的事情。例如：類似個性的對象或事件。	☐	☐	☐	☐	☐
27.渴望脫離：受限的框框，消耗身心的工作，消費式的生活方式，有毒(負面)的人事物。	☐	☐	☐	☐	☐
28.對制式化或無法發揮創意的活動感到挫折或乏味。	☐	☐	☐	☐	☐
29.忽然間產生很多有利創作的靈感，比如圖像，概念，音樂等等各方面。	☐	☐	☐	☐	☐
30.回憶起過去的人生。	☐	☐	☐	☐	☐
31.渴望聽見並遵從內在的聲音，想要了解人生存在的意義與目的。	☐	☐	☐	☐	☐
32.適切的導引在最恰當的時候出現，幫助你的靈性成長。	☐	☐	☐	☐	☐
33.在很短的時間裡發生很多轉變，而且轉變的事情也增多了。	☐	☐	☐	☐	☐
34.可以快速地從自己的問題學到東西。	☐	☐	☐	☐	☐
35.你會看到一些有靈性意義的顯相：預兆，數字和符號。	☐	☐	☐	☐	☐
36.夢境非常眞實而淸晰，你甚至可以在淸明夢裡控制全程。	☐	☐	☐	☐	☐
37.生活中發現越來越多巧合與小奇蹟。	☐	☐	☐	☐	☐
38.一直有預感一些事情將要發生或是眞的預知了一些事情。	☐	☐	☐	☐	☐
39.直覺力增強，一想到某人或某事就馬上有所回應。	☐	☐	☐	☐	☐
40.祈禱或冥思的感應更明顯而具體。	☐	☐	☐	☐	☐
41.意念的願望快速轉化成事實，或是不經意的許願突然就完成了。	☐	☐	☐	☐	☐
42.容易感受到天使、守護靈和其他純淨靈魂。	☐	☐	☐	☐	☐
43.直接體會到一體化以及脫胎換骨的覺醒。	☐	☐	☐	☐	☐
44.較之前更親近動物和植物，且與之交流。	☐	☐	☐	☐	☐
45.你突然覺得有必要尋找眞相和說實話，要做眞正的自己。	☐	☐	☐	☐	☐
46.突然懂得配合季節，對自然環境更淸楚也更加愛護。	☐	☐	☐	☐	☐
47.尊重並同理所有的生命。	☐	☐	☐	☐	☐
48.感覺與大地相連，更關心地球與宇宙的一切。	☐	☐	☐	☐	☐
49.悲天憫人的心，渴望自己可以成爲助人者。	☐	☐	☐	☐	☐

恭喜您完成自我檢測問卷的填寫，上述勾選的項目，勾選「總是」爲5分，勾選「經常」爲4分，勾選「偶爾」爲3分，勾選「很少」爲2分，勾選「從不」爲1分。
請加總您目前的總分：（　　）分

50～119分

覺醒路徑初期，你開始感受到身心與生活上些微的變化，不管你是否已經覺察或者尚未發現，這種微妙的覺醒種子已經開始進入你的生命，你漸漸會開始有一種覺得生命應該不只如此的感受，渴望有所改變卻不知方向爲何，於是尋尋覓覓想要找到生命依循的方向與目標。恭喜您邁向覺醒萌芽的階段，與其向外尋找，不如正視你內在的聲音，開始學習與自己相處，好好愛自己。

此階段的你應注意：此階段的你應該更注意身體的健康狀況，良好的睡眠有助於讓你精神飽滿，健康的身體有助於你去迎接未來的覺醒之路。
推薦書籍：《新覺醒時代》、《身體療育密碼》、《你値得過更好的生活》、《眞原醫》

120～199分

覺醒路徑中期，不論是身體上的變化或是情緒的起伏，身心的轉變已經讓你無法不去正視。這個階段你會覺得自己的生活不太對勁而想要改變，內在一股改變的動力不斷湧現，卻不知道改變的方向與目標何在，曾經一度將自己調整到跟社會大衆一樣，也許滿足了其他人的期待，自己卻無法全然的喜悅，因爲，和大家一樣不見得是你內心眞正的期待。恭喜您正處於覺醒路徑的啟蒙期，靈魂不斷的向你發出訊息，請勇敢走向超越自我的英雄旅程。

此階段的你應注意：因爲內在覺醒的力量越來越大，你的情緒起伏也隨之越來越明顯，此階段的你要學習穩定自己的情緒，唯有情緒平靜時才能見到內在的智慧。
推薦書籍：《創造生命的奇蹟》、《靈魂之心》、《脆弱的力量》、《我已經夠好了》、《靜坐》

200分以上

覺醒路徑高峰期，恭喜你！這是宇宙給予你再明顯不過的提醒了，不只全身每個細胞都發出訊號，彷彿全世界、全宇宙都傾出全力給予覺醒的訊息，只等待你的心念一轉，當內在下定決心要勇敢走入覺醒之路，宇宙會傾注全力，給予你歷程中需要的勇氣、力量、支持、智慧、慈悲，一切就看你的決定了！走向超越自我的覺醒之路是您當前明確的方向。

此階段的你應注意：穩定自己的身心，提昇自己的整體能量，除此之外，你還需要有一群覺醒路上的夥伴與明師，以確保你一路上不會迷失。
推薦書籍：《覺醒的力量》、《靈魂的第七項修練》、《超越自我之道》、《源場》、《生命之花的靈性法則》

覺醒路徑自我檢視與療育總表

此表列出覺醒反應的對應含意，讓你可以覺察並了解自己的覺醒狀態。除此之外，還提供了一些簡易又有效的療育方法，讓你可以在生活中妥善運用，方法如下：

1. 選擇一個不被打擾的空間，調整自己的呼吸並漸漸使心安靜下來，在自己感覺準備好時，用心讀出對應的「覺醒正向語句」給自己聽，並集中心神，覺察自己的細微變化，直到自己的內在有種寧靜喜悅或新的洞見為止。
2. 除了上述的練習外，你還可以參考下表建議的方法，在生活中爲自己的覺醒多一些行動。

八大商力	覺醒反應	對應含意	覺醒正向語句	你可以……
身體PQ	1.睡眠習慣改變。例如：多夢、輾轉難眠，半夜起床兩三次。	能量流動，睡眠狀態隨之轉變，如果白天可以精神飽滿，則不需要過度擔憂。可以利用清醒的時間去冥思內省，你的身體會自動調整到適應新的睡眠狀態。	寧靜的夜，正是神性智慧展現之時。	現在的你適合有氧運動例如：健走、跑步、游泳等運動，讓身體也跟上覺醒的腳步。
	2.改變飲食習慣。例如：不容易覺得餓，或是很容易就飽了。	當意識的提升加速改變細胞裡的基因編碼，造成細胞轉型成爲乙太性質的基本元素時，就可以從其他非傳統的食物或營養來源汲取能量，而降低了口腹之慾。	我很安全，我愛自己並全然信任生命。	現在的你可以嘗試清淨的蔬食，透過蔬食也清淨我們的身體細胞。
	3.皮膚敏感：紅斑，腫塊，痘痘，蕁麻疹，泡疹。	你的情緒正浮上皮膚表層，因爲身體正在凸顯這些毒素。有些事情待處理或清理，你必須自行清理這些有害的情緒。	我願意釋放並寬恕過往所有的一切，此刻我是自由的。	選擇使用天然無毒的產品潔淨皮膚，重新去疼惜呵護自己，用心去感受並愛自己。
	4.莫名的頭暈或是一陣一陣的暈眩。	體內能量也許剛經歷過劇烈的變化，而造成身體尚未來得及適應的反應。	大地之母的愛穩定的流經我的體內，陪伴我穿透生命所有課題。	透過改變呼吸的頻率，有意識的觀察自己的呼吸，將注意力回自己的身上。
	5.頭皮或脊椎好像有螞蟻在爬，發癢，針刺、痛痛或脹脹的感覺。	頭頂會感覺到能量的細微振動，好像噴泉的花灑一樣，有時候會感到有一點指壓的輕微力道，這些都是頂輪運作過程可能會有的反應。	我全然信任宇宙的愛，並依此來生活。	現在的你應該每天操作九式健康操，留一點時間跟自己相處。
	6.身體發生莫名的疼痛。	疼痛的起因爲DNA層級的〝基督種子（Christ seed）〞被喚醒。痛則不通，通則不痛，身體的疼痛是給予我們的提醒與警訊，也可能是覺醒過程中的好轉反應之一。	我是值得被愛的，我願意愛自己。	提醒自己要有意識的呼吸，透過每一次的吐氣將疼痛的感受排出，每一次的吸氣都觀想自己吸入浩瀚的愛。
	7.身體可以敏銳感知環境的能場變化。（到某些地方覺得混亂、暈眩、頭暈……）	性靈覺醒後自然開發出身體原有的感知能力，這些能力原本就存在在我們的身體中，只是因爲環境與種種因素而麻痺隱藏起來，透過覺醒而重新啟發。開啟身體覺知後，身體會自然與環境能場共振，因此而敏銳的感知到周圍的一切變化。	我願意重新用愛和溫柔來看待世界。	每天給自己約30分鐘的時間靜坐，讓自己安靜的跟自己在一起，重新穩定自己的能量。
	8.能感知到超越肉體認知的限制。例如：可以承受更大的寒冷、炎熱、疼痛……。	重新啟發後的身體感知能力，甚至會超越原本對身體極限的認知，覺醒後的身心力量可能會讓你體驗到超越身體的界線。	我願意分享我的愛，以愛回應每一個人，宇宙也以此回應我。	擔任志工服務，不斷分享自己的愛。
逆境AQ	9. 遇到生命的難題而渴望尋求解答。	生命中發生的一切都是有意義的，宇宙透過生命的難題當作提醒，想要告訴你用以前的方法是解決不了問題的，藉此來引動你可以開始向外尋求生命的解答。	生命中一切都是有意義的發生。	跳脫你想得出來的方法，嘗試一種全新的可能性。
	10.忽然間你會從另一個從沒想過的角度去考慮問題。	每個人的意識有固定的迴路，而開始覺醒的你在意識上產生了一些轉變，在原有的迴路中開始分出岔路，這些意識岔路給予我們生命不同的角度與見解。	創化生命的力量掌握在我的手中。	現在的你需要覺醒路上的夥伴，陪伴指引你創化全新生命的方向。
	11.發生改變人生的大事。例如：死亡，婚變，失業，無家可歸(破產或火災水災)，重病以及其他自然災害。	這些力量在迫使你放慢生活步伐，自省你要當什麼樣的人，人生有哪些更重要的意義，這些外在事件逼使你放棄附著物(執著與慾望)，也喚醒你的愛心以及無私的慈悲心。	我願意釋放自己的內在模式與抗拒，此刻的我感到平靜。	提醒自己要有意識的呼吸，也許答案不在外面，而在你的內在，往內探求事件背後的禮物吧！
	12.情緒的激烈波動：一點小事就感動到痛哭流涕，一點點挑釁就被激怒或悲傷。	情緒是覺察自己認識自己的第一步，當情緒可以自在流動時，才是真正認識自己的開始。	我愛自己，並且信賴生命的所有過程是美好的。	喜悅的看著自己的情緒，爲自己點一支香，隨著香氣陪伴自己進入內在，你將會有全新的發現。
執行力XQ	13.你覺得生活一團糟，有心要重新整理，但同時又亂成一團無法專注在任何一項。	理性與感性的混亂，左腦與右腦的拉扯，這是平衡的過程，請專注傾聽內在的聲音，自然會有一股穩定的力量引導你。	傾聽心裡的聲音，行住坐臥都依循內心的方向。	每天早上出門前先打九式健康操，幫助自已穩定、清晰。
	14.你對於被其他人事物卡住而進退不得，會覺得沒耐性。	內在有一股衝動想要突破，因此當面對將你困在原地的人事物，會特別容易不耐煩，甚至感到憤怒。	我相信愛、和平與喜悅。	將注意力回到自己身上，運用心念的力量把注意力放在想要達成的目標上。
	15.做事時彷彿恢復年輕時的活力與衝勁。	內在開始漸漸湧起一股動力，引動我們的身體去執行與運作，因此可以覺察到做事時會有不同以往的活力與衝勁。	我的全身充滿點石成金、心想事成的豐沛力量。	你可以嘗試深度的舞動，透過身體的舞動連結生命的活力。

	16.更強的直覺協助自己做出判斷與決策。	過去是透過經驗與分析來幫助自己判斷事物，當覺醒萌芽後，開始會有更強的直覺力，讓你對不曾經歷的事物更有勇氣去判斷與決策。	我信任我的直覺力量來自浩瀚的宇宙。	你要學習正確的靜坐方式，每天給自己約30分鐘的時間靜坐，聆聽內在的聲音。
	17.感覺自己跟靈魂同步思考/行動。	在思考與行動時，不會有如同機械一般麻木運作的感受，你的內心產生一種身心連結的踏實感，清楚感受到自己與靈魂同步在做工。	我是人性與神性的完美結合。	做一件讓你感到喜悅的事，覺察當你喜悅時身心的感受與變化，讓你的細胞記得喜悅的感受。
	18.終於知道要來到這個世界的使命。	內在產生一種清明感受，明白人生爲何而來，知道爲何而做，能夠更有行動力與執行力去完成人生使命，你的人生與工作終於可以結合在一起去做有意義的事情。	敞開接納我的使命，全宇宙與我同行。	去攀登高峰吧！當你上山頂時，張開雙臂，大口呼吸，讓自己的心如同眼前的景象一樣遼闊。
情緒EQ	19.生活雖然富裕，內在卻感到空虛、若有所失。	社會價值中的富裕已經無法再滿足你，在衣食無慮的情況下，你感受到內心的渴望與呼喚，讓你感覺「人生應該不止如此」。	超越宇宙的浩瀚愛力不斷滋養我，給予我無限的療育。	現在的你需要運動，當體力耗盡即將停下的片刻，感受那一刻的呼吸，一種眞實存在的感覺。
	20.重新獲得在感情強烈時流淚的能力。	原本不被允許脆弱而遭到隱藏麻痺的情感，因爲覺醒而再度被喚醒恢復流動。	流淚也是一種愛的展現，愛無所不在。	建議你到海邊，用心傾聽海浪拍打岩石的聲音，那心與海的聲音共振，共振成一片寬廣的感受。
	21.平凡的事情也可以讓你感到喜悅。例如：日落、白雲……。	內在會有一種深沉的平靜，有一種與萬物連結感應，因而可以觀察到生活中平凡不起眼的事物，而這些事物都可以與你的心共振共鳴，因此感到喜悅與平靜。	我熱愛生命中的一切，所有一切都帶給我無比的喜悅。	去找一首可以讓你感動的音樂吧！隨著音樂的旋律與節奏變化，感受你的心。
	22.即使有人陪在身邊，內心仍感到孤單。	孤寂的原因也許是你的神性刻意讓你獨自沉靜，深入心靈的時刻，保持信心，空虛的感覺將會被充滿愛的能量再度填滿。	我能夠對生命開放，我願意全然體驗生命，讓愛自在流動。	每天主動跟所有你碰到的人打招呼，連續操作21天，紀錄並覺察自己的變化。
	23.對外界環境有陌生感或疏離，渴望找尋家的感覺。	渴望找尋的家不只是外表的家庭，而是內心渴望回歸性靈源頭的單純感受。	我接受愛的滋養，單純喜悅存在著。	選擇你喜歡的精油，滴一滴在手心，緩慢的呼吸，嗅息精油的香氣。
	24.喜歡獨處或享受無所事事。	享受獨自一人單獨卻不孤獨的感受，在單獨的時候，不再害怕無所事事的空白，可以眞實的與自己相處。	我樂於享受我的生命。	爲自己泡一壺茶，靜靜地觀照熱茶揚升的水氣，啜飲一口好茶，讓茶湯和對自己的愛緩緩流入身體裡，直到那份愛流動充滿全身。
	25.覺得自己對公衆的活動不感興趣。	此時，正好讓我們重新檢視「社交」的眞實含意。是否過去都只是「配合演出」，或者只是爲了社交而社交？！給自己一點空間，並重新選擇眞正想要的、有意義的公衆活動，才能滋養自己又能滋養他人喔。	我願意看見自己與他人的美好與神聖。	擔任志工做一件有意義的事，在服務的過程中重新發現自己的愛。
智慧IQ	26.觀察到生活中重複發生類似的事情。例如：類似個性的對象或事件。	試著拉高視野看待自己的生命，觀察到生命的事件並非獨立無關連的存在，而是有意義的重複，渴望從過去舊有的事件和規律中看到一些隱藏的意義。或許它正在提醒我們「那裡」的功課還尚未完成哦！	我欣賞生命中一切發生，並從中獲得禮物。	用心研讀自己的靈魂占星，往內探求重複或類似事件背後的禮物吧！
	27.渴望脫離：受限的框框，消耗身心的工作，消費式的生活方式，有毒(負面)的人事物。	受到神性的呼喚而產生渴望脫離的念頭，渴望脫離意味著另一種超越自我的契機。	靜下來！覺察原本未曾發現的新生命。	嘗試做一件你覺得很蠢的事情，也許結果會讓你意想不到。
	28.對制式化或無法發揮創意的活動感到挫折或乏味。	覺醒的啟發後，拓展了生命的視野，引動探索冒險的心，渴望生命可以發揮更多的可能性，不再侷限於制式化的世界。	我的創意來自於眞心的喜悅與活力。	用完美的眼光看不完美的世界，每天讚美自己與五個人，持續21天你會發現這個世界變得很可愛。
	29.忽然間產生很多有利創作的靈感，比如圖像，概念，音樂等等各方面。	腦中的思考跳脫原有的邏輯，此時你的創意來自超越時空的浩瀚，內在有許多你未曾有過的創意流瀉進入你的生命中，正等待你的新展現。相信你自己，並跟隨它去探險吧！	我可以連結自己本自俱足的天賦。	還記得兒時的夢想嗎？舞蹈、畫家、飛行......，重新學習你曾經夢想過的事吧！
	30.回憶起過去的人生。	回想起過去或平行宇宙裡的印象和事情，這表示治療和統合所有(過去世)的自己的時間點已經來臨。	在過去的滋養中，拿回力量開創全新的未來。	到大自然的環境中，和朋友或孩子笑談自己的童年，重新接納過往的自己。
學習LQ	31.渴望聽見並遵從內在的聲音，想要了解人生存在的意義與目的。	開始對靈性的世界產生興趣，因爲物質世界裡的知識再也滿足不了自己超越自我的需求。	我聆聽自己內心的聲音，成爲自己的鍛鍊者。	學習正確的靜坐方式，每天給自己約30分鐘的時間靜坐，與內在的自己對話。
	32.適切的導引在最恰當的時候出現，幫助你的靈性成長。	不論是人、書本、電影、事件、自然界等等都有看起來正面或負面的訊息，請信任你已經準備好承受和掌握那麼多。每一個挑戰都提供一個機會讓我們學習超越。	來到我生命中的人事物，都引領我走向源頭的光明。	建議你到書店瀏覽吧～請信任並聽從內心的呼喚，找尋眞正的指引。

	33.在很短的時間裡發生很多轉變，而且轉變的事情也增多了。	因為你的決心與願意，生命快速的經歷，感覺上彷彿時間加速變快，壓縮生命是為了想要讓你快速的體驗生命並從中成長。	是我的願力與決心，讓全宇宙一起推動運轉。	行動！為自己寫下超越自我的目標吧！向宇宙下訂單，在你寫下的那刻，宇宙也會與你同行。
	34.可以快速地從自己的問題學到東西。	內在的覺醒力量讓我們不再執著、受困於自身的問題、症狀，反而可以快速的從中學習、穿透人生的課題，而獲得生命的禮物。	不需外求，所有生命的禮物與答案都在我的身上展現。	每天在睡前寫日記，紀錄一天的遇到的人事物，別忘了在日記的一個角落彩繪，畫出心的色彩。
	35.你會看到一些有靈性意義的顯相：預兆，數字和符號。	覺醒的你開始與神性產生連結，當你靜下心的時候，可以在平凡的生活中覺察到神性要給你的訊息與導引。	我是性靈富裕的充滿。	學習有意識的呼吸，讓自己可以專注且有意識地活在每一個當下，用心覺察身邊細微的事物。
道德MQ	36. 較之前更親近動物和植物，且與之交流。	體會到世間萬事萬物都有其生命的價值與意義，用欣賞美好的眼光看待動物與植物，更能與動植物相處並交流。	突破語言限制，而是心與心之間的連結與交流。	利用假日走向戶外，多親近高大的樹木，感受大樹穩定的支持力量。
	37.你突然覺得有必要尋找真相和說實話，要做真正的自己。	渴望做真正的自己，你開始對一直要討好的人說不，也無法再容忍不適合自己的婚姻、工作或環境。真誠地活著對你而言變得更重要了。此時要注意的是：生命是要讓原本「停滯」的狀態繼續前進，而非為了傷害任何人。	我願意站上我靈魂本然的位置。	超越原本對自己的認知，勇敢去做一件可以讓你充滿熱情、熱血沸騰的事情，向世界分享你的愛。
	38.突然懂得配合季節，對自然環境更清楚也更加愛護。	你更懂得配合季節，月蝕和自然界的週期更替，對自己的自然環境更清楚，更覺知自己是地球的一份子。	我感受到全然真誠的展現與無私的流動。	你可以在房間或書桌種植綠色植物，在照顧植物的過程中感受大自然的愛。
	39.尊重並同理所有的生命。	深刻體會到生命的可貴與存在的意義，你不再只是著眼於自己的利益與保障，開始尊重並同理他人的生命。	萬物與我無二無別，我願意禮敬宇宙萬物。	加入對世界有益的志工團隊，帶著內在的禮敬與愛，持續不斷的行動，不斷付出。
	40.感覺與大地相連，更關心地球與宇宙的一切。	人也是能量體的聚合，與宇宙萬物彼此相互連結互動，明白這一點的你關心著地球的一切事物，甚至會憂心整體環境的未來。	宇宙浩瀚的愛進入我的生命，我掌握了源頭圓滿之鑰。	找一個假日去攀登高峰，有意識地踩著每一個腳步，感受與大地的連結。
	41.悲天憫人的心，渴望自己可以成為助人者。	人性與神性結合，神性也會開始透過自我而被落實在物質生活中。此時的你會升起悲天憫人的心，渴望自己成為助人者。趁著此動能，努力學習並超越自己，勇敢的展現自身的光芒。	聆聽我內在的無聲之聲，展現我無為而為的力量。	勇敢行動吧！參加對世界有益的志工團隊，透過不斷的付出，滋養內在的愛與謙卑。
性靈SQ	42.夢境非常真實而清晰，你甚至可以在清明夢裡控制全程。	此時的你已經進入潛意識的領域，你有能力在夢中仍保持著某部分的覺知力，夢境中神秘且附帶許多潛意識訊息，可以藉此與潛意識互動，更幫助自己完成此生夢想。	我是無分別的浩瀚存在。	學習正確的靜坐方式，每天給自己約30分鐘的時間靜坐，聆聽內在的聲音，與內在更深的連結。
	43.生活中發現越來越多巧合與小奇蹟。	宇宙中沒有意外，一切人事物都是有意義的巧妙安排，當你細心觀察，會發現生活中越來越多奇蹟在發生。	明瞭我就是源頭本質，單純的存在。	對自己的信仰祈禱，透過祈禱更深的與自己連結。
	44.一直有預感一些事情將要發生或是真的預知了一些事情。	可以預感一些事情將要發生，但還不會掌握這股力量的你，反而增添內心的不安與恐懼。	我接納自己心念的浩瀚，並在愛中行使我的力量。	赤腳踩在草地上打九式健康操，感受大地之母穩定的愛與力量。
	45.直覺力增強，一想到某人或某事就馬上有所回應。	覺知力變敏銳，知道得更多，清楚知道自己的根本內在，也知道別人的真實面貌，而宇宙也給予同等的回應。	我擁有源頭的明晰智慧。	每天竟心擴展自己的愛，更深的連結內在的浩瀚與智慧。
	46.祈禱或冥思的感應更明顯而具體。	外在的事物是內在的顯現，當你可以與自己神性與佛性深刻連結，自然可以感受到對等的回應示現的生活中。	我是宇宙源頭的愛力管道，我的起心動念都依愛而行。	依愛而行，有意識的讓你的每一個行動都以愛為出發點。
	47.意念的願望快速轉化成事實，或是不經意的許願突然就完成了。	開始展現心念的力量，心的力量是大腦的五千倍，即便是不經意的念頭，都可能因為心念的力量而成真。	我喜悅的與本源合一，並落實在每天的生活中。	寫一篇自己的祈禱文，每天對自己的心念誦祈禱文，將這一份愛擴展到整個世界。
	48.容易感受到天使、守護靈和其他純淨靈魂。	明白宇宙的浩瀚與自己的渺小，可以真實感受到在物質世界外，還有其他能量體的存在，甚至能與他們交流或是接受到他們善意的訊息。	我在全知之眼中開啟內在的智慧。	學習眉心定位呼吸法，穩定自己的能量與思緒，開發松果體。
	49.直接體會到一體化以及脫胎換骨的覺醒。	體會到無二無別的感受，因此內心對所有生命充滿愛心，無私的慈悲心與無條件的大愛，是提升到高層意識的關鍵。	崩毀一切虛幻，內在本性自現。	學習並了解覺醒的力量，讓自己可以真正的有效提升，超越自我。

國家圖書館出版品預行編目資料

覺醒的力量之「SatDharma 眞理之路：英雄轉化 13 個旅程」／聖塔達瑪 Sat Dharma 著. --初版.--臺中市：白象文化事業有限公司，2024.8
面； 公分
ISBN 978-626-364-401-4（平裝）

1.CST: 靈修
192.1 113009009

覺醒的力量之「SatDharma 眞理之路：英雄轉化13個旅程」

作　　者　聖塔達瑪 Sat Dharma
發 行 人　張輝潭
出版發行　白象文化事業有限公司
412台中市大里區科技路1號8樓之2（台中軟體園區）
出版專線：（04）2496-5995　傳眞：（04）2496-9901
401台中市東區和平街228巷44號（經銷部）
購書專線：（04）2220-8589　傳眞：（04）2220-8505
專案主編　李婕
出版編印　林榮威、陳逸儒、黃麗穎、水邊、陳媁婷、李婕、林金郎
設計創意　張禮南、何佳諠
經紀企劃　張輝潭、徐錦淳、林尉儒
經銷推廣　李莉吟、莊博亞、劉育姍、林政泓
行銷宣傳　黃姿虹、沈若瑜
營運管理　曾千熏、羅禎琳
印　　刷　基盛印刷工場
初版一刷　2024 年 8 月
定　　價　320 元